SRI CHINMOY

DAS INNERE VERSPRECHEN

Sri Chinmoy

Sri Chinmoy

Das innere Versprechen

Wege zur Selbstvervollkommnung

AURUM VERLAG · FREIBURG IM BREISGAU

Der Titel der bei Simon & Schuster, New York,
erschienenen amerikanischen Originalausgabe lautet:
THE INNER PROMISE
– Paths to Self-Perfection –.
Die autorisierte Übersetzung ins Deutsche besorgten
K. Andreas Beyer und A. Walter Dänzer.

Mit 56 Schwarzweiß-Abbildungen von Zeichnungen und Bildern des Autors.

CIP-Kurztitelaufnahme der Deutschen Bibliothek:

Sri Chinmoy:
Das innere Versprechen : Wege zur Selbstvervoll-
kommnung / Sri Chinmoy. [Die autoris. Übers. ins
Dt. besorgten K. Andreas Beyer u. A. Walter Dänzer].
– Freiburg im Breisgau : Aurum-Verlag, 1984.
Einheitssacht. : The inner promise ⟨dt.⟩
ISBN 3-591-08169-8

INHALT

GIBT ES IRGEND ETWAS EWIGES?

»Mein Herr,
Wie kommt es, daß nichts auf der Erde
Unvergänglich ist?«
»Wer hat dir das gesagt?
Ist Eifersucht auf der Erde nicht unvergänglich?
Ist Zweifel auf der Erde nicht unvergänglich?
Ist Unsicherheit auf der Erde nicht unvergänglich?«

»Mein Herr,
Zugegeben, Du hast recht.
Doch wann wirst Du sie vergänglich machen?«
»Sohn, in jenem Augenblick, in dem die Welt will,
Daß Ich sie vergänglich mache.«

»Mein Herr,
Warum beschuldigst Du die arme, unschuldige Welt?
Wer hat denn die Welt schließlich erschaffen?«

I
WIRKLICHKEIT

WAS IST WIRKLICHKEIT?

Es gibt drei Wirklichkeiten: Gott, die Seele und das Leben. Gott ist die sich selbst transzendierende Wirklichkeit. Die Seele ist die innerste Wirklichkeit. Das Leben ist die universale Wirklichkeit. Gott enthüllt die Seele; die Seele enthüllt das Leben. Die Gottwirklichkeit lebt in Seinem schöpferischen Willen. Die Seelenwirklichkeit lebt in ihrem erhaltenden Willen. Die Lebenswirklichkeit lebt in ihrem erfüllenden Willen. Gottes Verwirklichung verkörpert aber auch Seinen schöpferischen Willen. Seine Anteilnahme beschützt den erhaltenden Willen der Seele. Sein Mitleid nährt den erfüllenden Willen des Lebens. Wirklichkeit ist der ständige und dynamische Prozeß unserer inneren Evolution. Die Wirklichkeit der Vergangenheit wächst. Die Wirklichkeit der Gegenwart schwingt sich auf. Die Wirklichkeit der Zukunft wird leuchten. Wirkliche Wirklichkeit ist keine Flucht vor dem Leben. Sie ist die Annahme des Lebens, der Ausdruck des Lebens und die Deutung des Lebens. Wenn wir das Leben annehmen, werden wir zu göttlichen Kriegern. Wenn wir das Leben ausdrücken, werden wir zu bewußten Darstellern von Gott. Wenn wir das Leben deuten, werden wir zu Gottes ewigem Stolz. Wirklichkeit ist zugleich der Umfang unseres menschlichen Bewußtseins und die Essenz unseres göttlichen Bewußtseins. Das menschliche Bewußtsein schüttelt der Möglichkeit und der Fähigkeit die Hand. Das göttliche Bewußtsein umarmt den Glauben und die Selbsthingabe. Das Blühen des menschlichen Bewußtseins ist Verwirklichung. Das Blühen des göttlichen Bewußtseins ist Manifestation. Das menschliche Bewußtsein dachte, Gott sei unerkennbar. Jetzt fühlt es, daß Gott bloß unerkannt ist. Bald wird es erkennen, daß Gott unfehlbar und vorbehaltlos erkennbar ist. Das göttliche Bewußtsein weiß, daß es nichts anderes gibt und nichts anderes geben wird als Gott.

Glaube ist die einfache, direkte, wirksame und vollständige Form der Wirklichkeit. Zweifel ist die komplexe, indirekte, unwirksame und unvollständige Form der Wirklichkeit. Glauben heißt Gott verstehen. Glauben heißt Gott beschreiben. Zweifeln heißt die Wahrheit einsperren. Zweifeln heißt die Wahrheit ersticken.

Die Einheit der Wirklichkeit ist Gottes Existenz.
Die Vielfalt der Wirklichkeit ist Gottes Erfahrung.
Die Einzahl der Wirklichkeit ist Gott, der Ewig Liebende.
Die Mehrzahl der Wirklichkeit ist Gott, die Ewige Liebe.
Das Zeit-Alter der Wirklichkeit ist Ewigkeit.
Das Erfahrungs-Alter der Wirklichkeit ist Unendlichkeit.
Das Verwirklichungs-Alter der Wirklichkeit ist
                                    Unsterblichkeit.

DIE WIRKLICHKEIT DES KÖRPERS UND DIE WIRKLICHKEIT DER SEELE

Heute ist der Körper hier, morgen ist er anderswo. Heute leidet der Körper, morgen genießt er. Heute ist der Körper zutief enttäuscht, morgen ist er durchdrungen von Inspiration und Strebsamkeit. Der Körper sieht und fühlt sich stets wieder in verschiedenen Gestalten und Formen und spürt, daß er keine bleibende Wirklichkeit hat. Obwohl er wirklich ist, glaubt der Körper unwirklich zu sein. Er versucht immer, die Wirklichkeit in etwas anderem, in jemand anderem oder an einem andern Ort zu entdecken. Der Körper fühlt in seiner Unbewußtheit, daß ihm die Wahrheit, die Wirklichkeit und die Fülle fehlen. Er kommt sich immer als Bettler vor. Der Körper betrachtet die Wirklichkeit als etwas Statisches. In der Überzeugung, fern von der ewigen Wirklichkeit zu sein, sucht er sie anderswo, wo sie von Dauer ist.

Das Physische ist mit seinem eigenen Besitz nicht zufrieden und kann es nicht sein. Es glaubt, andere besäßen Wahrheit, Licht, Schönheit und Glückseligkeit, nur es nicht. Es liegt in seiner Natur, sich als ewiger Bettler vorzukommen. Es will etwas von woanders her, entweder von Menschen oder vom Himmel. Im Physischen ist immer ein Gefühl des Unbefriedigtseins. Das Physische ist von Natur aus der Sitz der Unzufriedenheit.

Die Seele jedoch fühlt ständig, daß sie von Gott alles in unendlichem Maße erhalten hat und die Fähigkeit besitzt, die Unendlichkeit zu beherbergen. Sie ist zufrieden mit ihrer Wirklichkeit. Die Seele ist zufrieden, weil sie weiß, was sie hat und in was sie hineinwachsen kann.

Die Seele befindet sich zur Zeit im Felde der Manifestation. Sie weiß, daß sie die Fähigkeit hat, das Unendliche zu enthüllen – wenn nicht heute, dann morgen. Sie ist mit dem, was sie jetzt gerade hat, zufrieden; und sie ist ebenso zufrieden mit dem, was sie haben wird, was sie tun wird und was sie im Unendlichen für das Unendliche enthüllen wird. Es liegt in der Natur der Seele, zufrieden zu sein und zu bleiben. Sie lebt in göttlicher Zufriedenheit. Sehr oft hat der Körper Freude und bleibt trotzdem unzufrieden. Aber die Seele lebt in ständiger Freude, denn sie sieht die ewige Wirklichkeit.

Die Seele ist sich der Wahrheit bewußt, daß die Wirklichkeit sowohl statisch als auch dynamisch ist. Die Seele ist zufrieden, wenn sie die Wirklichkeit in ihrem höchsten, in ihrem tiefsten und in ihrem alldurchdringenden Bewußtsein sieht. Der Körper sieht die Wirklichkeit nie von allen Seiten; er sieht die Wirklichkeit nie in ihrem letzten Sinn auf die Art und Weise, wie sie gesehen, gefühlt und verwirklicht werden muß.

Der Körper will die Wirklichkeit auf seine eigene Art erspüren, indem er sie in winzige Teilchen teilt und jedes gesondert betrachtet. Aber die Seele will die Wirklichkeit in all ihren Phasen, in all ihrem Wirken – ob dynamisch oder statisch – in der Vielfalt ihrer irdischen Wechsel und himmlischen Erfahrungen sehen. Die Seele setzt der Wirklichkeit keine Grenzen. Sie sieht die Wirklichkeit in ihrer Unendlichkeit. Sie empfindet die Wirklichkeit als unendlichen Ausdruck des Absoluten und versucht, sich immer mit der Wirklichkeit in ihren unendlich vielen Ausdrucks- und Verwirklichungsweisen zu identifizieren. Obwohl der Körper versucht, die höchste Wirklichkeit zu erlangen, die zugleich statisch und dynamisch ist, kann er die Wirklichkeit nie schauen oder fühlen, wenn er sich nicht restlos und vorbehaltlos der Weisheit der Seele hingibt.

Der gewöhnliche menschliche Körper ist die Unvollkommenheit selbst. Diese Unvollkommenheit kann sich nur dann in Vollkommenheit verwandeln, wenn sich der Körper dem ewig wachsenden Licht, der Weisheit und Glückseligkeit der Seele freiwillig öffnet. Der Tag wird kommen, an dem der Körper dieses Öffnen seiner selbst vollziehen wird. Dann werden Körper und Seele

eilends hier auf der Erde den Auftrag Gottes gemeinsam in die Tat
umsetzen: die Verwirklichung der Natur von innen heraus, die
Enthüllung, Manifestation und Erfüllung der höchsten Wahrheit.

LIEBE UND WERDE

Ich hielt nach dem Festland
Der Wirklichkeit Ausschau
Und fand es.
Es wisperte:
Liebe oder leide,
Liebe oder sterbe,
Liebe und wachse,
Liebe und werde.
Die zögernde Welt hat dein Herz erschreckt.
Die berechnende Welt hat deinen Verstand verwirrt.
Die Welt der Versuchung
Hat deine Lebenskraft gefangen.
Die Welt der Niedergeschlagenheit
Hat deinen Körper verschlungen.

II
SELBSTBEHERRSCHUNG

Was ist Selbstbeherrschung?

Im spirituellen Leben ist Selbstbeherrschung die wichtigste, bedeutsamste und fruchtbarste Kraft. Ohne Selbstbeherrschung gibt es keine Selbstverwirklichung. Im Wörterbuch finden wir Hunderte und Tausende von Wörtern. Von all diesen Wörtern ist Selbstbeherrschung am schwierigsten auszuführen. Wie können wir Selbstbeherrschung erlangen? Wenn wir Selbstbeherrschung erlangen wollen, müssen wir uns unserer Quelle überantworten. Diese Quelle ist Licht; diese Quelle ist Gott.

Ein Kind will viele nutzlose, schädliche Dinge haben, aber die Mutter weiß, daß es das Kind gefährden würde, wenn sie ihm diese Dinge gäbe. Und weil Mutter und Kind eins sind, würde auch die Mutter selbst betroffen. Darum erfüllt die Mutter die zahllosen unerleuchteten, ja zerstörerischen Wünsche des Kindes nicht. Der Körper ist wie ein Kind. Wenn wir Begierden und Verlangen des Körpers erfüllen, dann zerstören wir mit der Zeit unser Leben.

Warum hört der Körper nicht auf uns?

Die Antwort ist sehr einfach: Wir hören nicht auf unsere Seele. Wenn wir auf unsere Seele hörten, würde auch der Körper auf uns hören. Wir wissen, daß der Körper einen Vorgesetzten hat: Die Lebenskraft. Der Vorgesetzte der Lebenskraft ist der Verstand. Der Vorgesetzte des Verstandes ist das Herz. Der Vorgesetzte des Herzens ist die Seele. Der Vorgesetzte der Seele ist Gott. Die Seele hört die ganze Zeit auf den Inneren Piloten, auf Gott. Das Herz hört sehr oft auf die Weisungen der Seele — sehr oft, aber nicht immer. Der Verstand hört sozusagen nie auf das

Herz. Die Lebenskraft hört nicht auf den Verstand, und der Körper hört mit Sicherheit nicht auf die Lebenskraft. Das eigentliche Problem beginnt mit dem Verstand, liegt im Verstand selbst. Wie können wir den Körper, die Lebenskraft, den Verstand und das Herz bewegen, in ein besseres und erfüllenderes Licht zu treten? Wir müssen uns bewußt sein, daß wir sie nie verändern und verwandeln können, solange wir am Körper, an der Lebenskraft, am Verstand und am Herzen noch etwas auszusetzen haben. Aber wenn wir sie würdigen, wenn wir sagen, sie könnten in Gottes kosmischem Drama eine bedeutende Rolle spielen und seien für die vollständige Manifestation Gottes auf Erden ebenso wichtig wie die Seele, dann können wir sie verwandeln. Wenn wir den Körper, die Lebenskraft, den Verstand und das Herz nicht verdammen, sondern ihnen im Gegenteil sagen, sie könnten auserwählte Instrumente Gottes sein und Gott brauche sie für sein göttliches Spiel *(lila)*, dann können wir sie schließlich verwandeln. Die widerspenstigen Mitglieder unserer Familie werden bald merken, daß ihre Rolle bei der Erfüllung von Gottes Manifestation auf der Erde wichtig ist. Sie können und werden zur Erfüllung eines einzigen Zieles vereint sein.

Selbstbeherrschung. In der Selbstbeherrschung brauchen wir Einfachheit, Aufrichtigkeit und Demut. Einfachheit, Aufrichtigkeit und Demut müssen die Selbstbeherrschung nähren. Wir können sagen, das Frühstück der Selbsbeherrschung sei Einfachheit, das Mittagessen sei Aufrichtigkeit und das Abendessen sei Demut. Leider leben wir in einem Zeitalter, in dem Selbstbeherrschung nicht sonderlich geschätzt wird; man macht sich im Gegenteil über sie lustig. Jemand bemüht sich mit aller Kraft darum, sich selbst zu meistern, doch seine Freunde, Nachbarn, Verwandten und Bekannten spotten über ihn. Sie finden seinen aufrichtigen Versuch, sein Leben zu meistern, unwirklich. Sie meinen, ihre eigene Lebensweise lohne sich mehr. Wer versucht, sein Leben zu beherrschen, ist in ihren Augen ein Narr. Doch wer ist der Narr? Jener, der sich selbst besiegen will oder jener, der ein ständiges Opfer von Angst, Zweifel, Sorgen und Befürchtungen ist? Derjenige, der sich selbst erobern will, ist nicht nur der weiseste Mensch, sondern auch der größte göttliche Held. Manchmal sehen wir, daß sogar spirituelle Meister von der Gesellschaft gnadenlos verspottet werden. Selbst derjenige, dessen Herz schneeweiß, dessen Herz die Reinheit selbst ist, dessen Leben keinen Stachel der Unreinheit hat und dessen Atem die Flut der Reinheit verkörpert – selbst er fällt der Kritik der unwissenden Welt zum Opfer.

Das erinnert mich an eine Zen-Geschichte. Es gab einmal einen Zen-Meister voller Reinheit und Licht. In der Nähe des Ortes, wo er lebte, befand sich ein Lebensmittel-Laden. Der Besitzer des Lebensmittel-Geschäftes hatte eine wunderschöne unverheiratete Tochter. Eines Tages fand man, daß sie schwanger war. Ihre Eltern gerieten außer sich vor Zorn. Sie wollten den Namen des Vaters wissen, aber sie gab den Namen nicht preis. Nach wiederholten Auseinandersetzungen und andauernder Belästigung gab sie es auf und sagte ihnen, der Zen-Meister sei es gewesen. Die Eltern glaubten ihr. Als das Kind geboren wurde, rannten sie zum Zen-Meister, beschuldigten ihn mit wüsten Worten und ließen das Kind bei ihm zurück. Der Zen-Meister sagte: »Ist das so.« Das war sein ganzer Kommentar.

Er nahm das Kind an. Er begann das Kind zu ernähren und sich um es zu sorgen. Von da an war sein Ruf dahin; er wurde zum Gegenstand des Spottes. Tage wurden zu Wochen, Wochen zu Monaten und Monate zu Jahren. Doch in unserem menschlichen Leben gibt es so etwas wie ein Gewissen, und das junge Mädchen wurde von ihrem Gewissen geplagt. Eines Tages enthüllte sie ihren Eltern endlich den Namen des wirklichen Vaters ihres Kindes; es war ein Mann, der auf dem Fischmarkt arbeitete. Wieder gerieten die Eltern außer sich vor Wut, und die ganze Familie war von Kummer und Demütigung geplagt. Sie gingen erneut zum spirituellen Meister, baten ihn um Verzeihung, erzählten die ganze Geschichte und nahmen dann das Kind mit sich zurück. Sein einziger Kommentar war: »Ist das so.«

Sie alle versuchen in Ihrem spirituellen Leben die niedrigere Natur zu besiegen. Es wird Ihnen unweigerlich gelingen – heute oder morgen, in nächster Zeit oder in fernster Zukunft. Aber wenn die Leute im Laufe ihrer Selbstverwandlung Sie nicht verstehen oder sich nicht um Ihr reines Leben kümmern, so schenken Sie ihrer Kritik bitte keine Beachtung. Wenn sie Ihre Aufrichtigkeit nicht würdigen, wenn sie Ihre Anstrengung oder Ihren Erfolg, Ihre niedrigere vitale Natur zu beherrschen, nicht beachten, dann ist das weiter nicht schlimm. Aber wenn Sie möchten, daß sie Ihr Bemühen würdigen und bewundern, dann bringen Sie unnötigerweise nicht nur ihre Kritik und ihren Unglauben, sondern auch Zweifel und Versuchung in Ihr eigenes Leben. Jeder Mensch verkörpert unbewußt Kritik, Unglaube, Zweifel und Versuchung. Auf der einen Seite versuchen Sie, durch Ihre Strebsamkeit über sich selbst hinauszugehen; auf der anderen Seite bringen Sie die Versuchung anderer Leute in Ihr Leben, und mit dieser Versuchung versuchen Sie unbewußt Ihre niedrigere Natur zu nähren. Bemühen Sie sich deshalb, mit sich aufrichtig zu sein. Wenn die Welt an Ihnen etwas auszusetzen hat, lassen Sie es ruhig über sich ergehen. Lassen Sie sich von der Welt anbellen. Ihre Aufrichtigkeit ist Ihr Beschützer. Ihre spirituelle Disziplin wird Sie zu Ihrem vorausbestimmten Ziel führen. Wer ist der König? Nicht derjenige, der ein Land regiert, sondern derjenige, der sich selbst erobert hat. Jedermann hat die Fähigkeit und die Gelegenheit, ein König zu werden, sofern er das will. Gott hat ihm genügend Gelegenheiten und unbegrenzte Fähigkeiten geschenkt, damit er nicht nur zum König der ganzen Welt, sondern zum König des gesamten Universums werden kann.

SELBSTBEHERRSCHUNG ALS
SELBSTHINGABE AN GOTT

Selbstbeherrschung bedeutet nicht Selbstpeinigung, bedeutet nicht Askese. Leider wird im Westen die Selbstbeherrschung mißverstanden. Die Leute glauben, das strenge, harte Leben, das von einigen indischen Suchern der Vergangenheit geführt wurde, gelte als Ideal der Selbstbeherrschung. Aber diese Art unerbittlichen Lebens, bei dem der Körper gequält und bestraft wird, ist nicht wirklich Selbstbeherrschung, sondern Selbstkasteiung. Sie führt uns mitten in der tiefsten Unwissenheit zu abgründiger Zerstörung. Wenn jemand Gott verwirklichen will, indem er tage- und monatelang fastet, umarmt ihn der Tod, nicht Gott. Ein normales, natürliches Leben – der Pfad der Mitte – ist das, was Gott von uns verlangt. Buddha lehrte uns, dem Pfad der Mitte zu folgen und nicht in Extreme zu gehen. Wir müssen mit der Erde fest verwurzelt sein. Die Wurzeln des Baumes sind unter dem Erdboden, nirgendwo sonst. Die Wurzeln sind unter dem Erdboden und die Äste schauen hinauf zum Höchsten. So liegt Selbstbeherrschung im Innern und Selbstmanifestation im Äußern. Selbstbeherrschung führt uns zur Selbsterleuchtung. Die Selbstbeherrschung von heute ist die Selbsttranszendenz von morgen.

Um Meister über sich selbst zu sein, ist Selbstbeherrschung von größter Wichtigkeit. Selbstbeherrschung braucht Zeit. Sie kann nicht über Nacht errungen werden. Durch Selbstbeobachtung, Selbstprüfung und richtige Meditation erringt man Selbstbeherrschung.

Ich möchte einen Vorfall aus dem Leben des Sokrates erzählen. Sokrates und eine Gruppe von Bewunderern besuchten einmal

23

einen Handleser. Der Handleser las die Hand von Sokrates und sagte:»Was bist du für ein schlechter Mensch, häßlich und voller Probleme der niederen Lebensenergie. Dein Leben ist voller Verdorbenheit.« Die Bewunderer von Sokrates waren wie vom Blitz getroffen. Sie wollten den Handleser schlagen. Was fiel ihm ein, solche Dinge über Sokrates zu sagen, der doch wahrhaftig ein frommer Mensch, ein Heiliger war? Aber Sokrates sagte:»Wartet, wir wollen ihn fragen, ob er alles gesagt hat.« Dann fuhr der Handleser fort:»Ja, ich habe noch mehr zu sagen. Dieser Mann besitzt zweifellos alle diese ungöttlichen Eigenschaften, aber er hat sie unter Kontrolle. Er hat keine einzige gezeigt. Er beherrscht sie.«

Bevor jemand erleuchtet wird, wird er manchmal von allen ungöttlichen Kräften der niederen menschlichen Lebensenergie angegriffen. Aber er kann sie leicht bezwingen. Sokrates hat es getan. Jeder Strebende kann diese falschen Kräfte nach einer Weile ohne weiteres besiegen. Er mag unzählige Male von vitalen Regungen angegriffen werden – er kann ihnen jedesmal den Meister zeigen. Er kann mannhaft, kühn und mutig seinen Fuß auf das Haupt dieser dunklen Kräfte setzen. Der goldene Tag wird kommen, an dem die Erleuchtung in seinem Leben tagt, und dann wird alles verwandelt. Emotionelle Probleme werden in die dynamische Kraft des Göttlichen verwandelt, um für das Göttliche Verwendung zu finden. Aber bis es soweit ist, muß der Strebende hart kämpfen.

Ramakrishna, der große spirituelle Meister, sah sehr wohl, was in der Welt tatsächlich vor sich ging. Nun wiederholt sich die gleiche Geschichte in der Welt von heute. Ramakrishna erzählt eine Geschichte von einem Mann, der lange Zeit nach einer Arbeit gesucht hatte. Niemand hätte dem armen Mann eine Arbeit angeboten. Schließlich ging er zum Direktor einer kleinen Fabrik, denn es war ihm gesagt worden, dieser Mann habe ein gutes Herz und würde ihm eine Arbeit geben. Aber der Direktor sagte ihm, es sei keine Stelle frei. Einige Tage später fragte er wieder: immer noch war keine Stelle frei. Der arme Mann ging immer wieder zurück und wurde jedesmal abgewiesen. Eines Tages erzählte er einem seiner Freunde, wie ihn der Direktor ständig ohne Arbeit abgewiesen hatte. Sein Freund sagte:»Du bis ein Narr. Warum gehst du zu ihm? Heute gehst du zu seiner Frau, morgen wirst du deine Arbeit haben.« Der Direktor war ein sehr wohlhabender und wichtiger Mann, aber er hatte diese Schwäche. So ging der arme Mann zur Frau und klagte:»Mutter, ich habe eine große Familie und sie hungert. Rette mich, rette mich. Sag bitte dem Direktor, er solle mir eine Arbeit geben.« Sie erwiderte:»Sorge dich nicht, mein Kind, morgen werde ich das regeln.« Am nächsten Tag sagte der Direktor zu seinem englischen Arbeitgeber:» Da ist ein Mann mit großen Fähigkeiten. Er wird unserer Fabrik in jeder Beziehung viele Vorteile bringen.« Kurze Zeit später wurde dem Mann dort eine hohe Stellung angeboten.

Das ist die Geschichte von Ramakrishna. Sie ist auch heute noch anwendbar. Die Weltatmosphäre hat sich noch nicht verändert. Aber sie wird sich zweifellos wandeln. Wer wird diese Wandlung in Gang bringen? Wir, die Strebenden; wir, die Sucher nach dem unendlichen Licht. Gott hat uns diese beispiellose, einzigartige Aufgabe gegeben. Und wir haben sie hier auf der Erde anzunehmen und zu erfüllen.

In der äußeren Welt kann man nur eines Meisters Sklave sein, aber in der inneren Welt wird man unweigerlich zum Sklaven vieler Meister. Diese Meister sind Zweifel, Angst, Sorgen, Versuchung, Frustration, Unvollkommenheit, Begrenzung, Knechtschaft und Tod. Selbstbeherrschung kann nur errungen werden, wenn wir aufhören, uns selbst zu täuschen. Wir sagen rasch, die Welt lasse uns im Stich. Aber wenn wir aufrichtig sind und tief in uns gehen, dann sehen, fühlen und erkennen wir, daß wir selbst es waren, die dieses Spiel der Täuschung begonnen haben. Wir sind von Gott gekommen. Wir hätten unser Spiel im unendlichen Licht fortsetzen können. Wir hätten uns am Ende unserer Reise in dasselbe unendliche Licht zurückziehen können. Aber wir drangen in die Unwissenheit ein und verliebten uns in sie. Wir liebten die Unwissenheit, und sie liebte uns. Schließlich begannen wir begierig die Früchte der Unwissenheit zu essen. Das Ergebnis war Selbstzerstörung. Wir sind es, die der Täuschung in uns die Türe geöffnet haben. Wenn die Kräfte der Unwissenheit sehen, daß die Türe weit offen steht, dringen sie ins Innerste unseres Herzens ein.

Wie können wir sie herausholen und zur Seite schieben? Durch unsere Strebsamkeit, durch unsere innere aufsteigende Flamme. Diese Flamme wird die unerleuchteten Kräfte in uns entzünden, die schlummernden Wesen in uns erwecken und unser Leben mit dem Licht des goldenen Jenseits überschwemmen. Strebsamkeit ist die Antwort.

Spirituelle Krankheit ist eine Unreinheit in unserem Herzen, und gegen diese Krankheit gibt es nur eine Medizin: Ergebenheit – Ergebenheit gegenüber der Ursache, Ergebenheit gegenüber dem Ziel, Ergebenheit gegenüber dem inneren Piloten.

Selbstbeherrschung. Selbstbeherrschung heißt Selbst-Hingabe an Gott. Spielen wir unsere Rolle. Geben wir, was wir haben. Gott wird Seine Rolle spielen. Er wird uns geben, was Er hat. Was wir haben, ist wuchernde Unwissenheit. Was Er hat, ist unendliches Licht. Laßt uns tauschen!

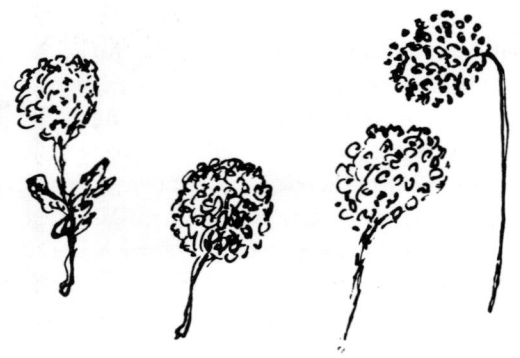

GÄHNENDER ABGRUND

Zwischen dem Baum meiner Schau
Und der Pflanze meiner Wirklichkeit
Gähnt ein Abgrund.
Zwischen dem Ort,
Wo ich leben möchte,
Und dem Ort, wo ich lebe,
Gähnt ein Abgrund.
Wie gern lebe ich
Unter der Kuppel des Himmels.
Aber mein Dasein
Lebt im Tal des Todesschattens.
Der Frieden fiel
Aus dem Erinnern
Wie das Glück.
Ich fühle, daß ein Schwingen
Des Pendels mein Gesicht,
  Mein Schicksal verändern wird.
Erhebend ist der Augenblick
Der Selbsthingabe an das Einssein;
Da vermählt sich
Mein Traumboot
  Mit dem Ufer meiner Wirklichkeit.

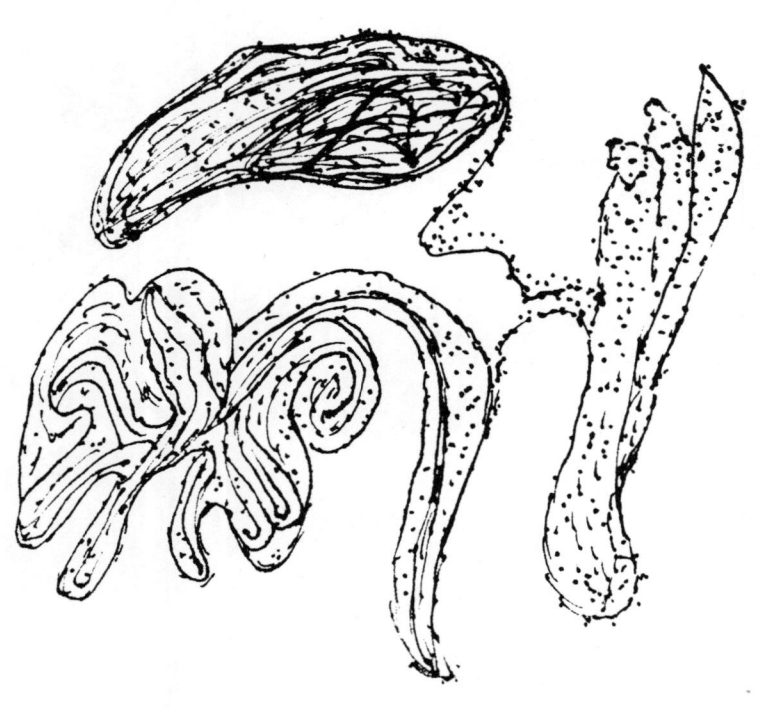

III
DIE WURZEL DER BEGIERDE

GEBUNDENHEIT UND UNGEBUNDENHEIT

Gebundenheit ist mein Lehrer:
»Gott lebt in einer Höhle«,
Lerne ich.

Ungebundenheit ist mein Lehrer:
»Gott lebt in einem Palast«,
Lerne ich.

Gebundenheit verlangt den Atem meines Körpers,
Das Leben der heulenden Endlichkeit.

Ungebundenheit bietet das Versprechen meiner Seele an,
Das Licht des winkenden Jenseits.

Gebundenheit ist die Wurzel der Begierde; Unwissenheit ist die Wurzel der Gebundenheit. In dieser Welt sind wir dem Körper, dem Verstand, der Lebenskraft und dem Herzen verhaftet. Warum? Weil wir besitzen wollen. Leider vergessen wir, daß es nichts auf Erden gibt, das wir für immer besitzen können. Wir können etwas nicht einmal für längere Zeit besitzen. Nehmen wir zum Beispiel den Körper. Unabhängig davon, wieviel Aufmerksamkeit wir ihm schenken, hält unser Körper lediglich fünfzig, sechzig oder siebzig Jahre und stirbt dann. Nicht einmal unseren eigenen Körper können wir für immer besitzen. Wenn wir im Körper leben und nach der Erfüllung des Physischen schreien, gibt es nichts auf Erden, das wir für immer besitzen könnten. Aber wenn wir in der Seele leben, dann leben wir im Ewigen und für das Ewige.

Indiens großer Philosoph Shankaracharya sagte: »Wer ist deine Frau, wer ist dein Sohn? Diese Welt ist sehr eigenartig. Brüder, denkt an den Einen, der ewig euch gehört.« Dies ist die Botschaft der Ungebundenheit. Wenn du dem physischen Menschen verhaftet bist – der Ehefrau, dem Ehemann, dem Sohn, dem Freund – dann bindest du nur dich und die andern. Aber wenn du den Gegenstand deiner Verehrung im Innern der Ehefrau, im Innern des Ehemannes, im Innern des Sohnes siehst, dann kann das göttliche Wissen in dich einkehren.

Buddha verließ seine wunderschöne Frau und sein kleines Kind, als sie schliefen. Bevor er wegging, sagte er: »Ich habe euch geliebt. Ich liebe euch immer noch. Aber ich muß auch die ganze Welt lieben. Erst wenn ich die ganze Welt lieben kann, ist meine Liebe für euch vollendet.« Seine menschliche Gebundenheit mußte der göttlichen Liebe in ihm weichen. Als sie das Königreich verließen, stellte ihm sein Kutscher eine bedeutungsvolle Frage: »Bist du nicht gemein? Wie kannst du deine Frau, die dir so zugetan war, einfach zurücklassen? Du bist ihr Schatz. Du bist ihr unvergleichlicher Reichtum.«

Buddha sagte: » Das ist nicht wahr. Die Zuneigung meiner Frau hat mich gebunden, und meine Zuneigung hat sie gebunden. Jetzt gehe ich in die weite Welt, wo es niemanden gibt, der mich bindet, und wo ich niemanden binden werde. Ich werde mich selbst und andere befreien.«

Die Wurzel aller Gebundenheit ist Unwissenheit. Ist Unwissenheit unbesiegbar? Aldous Huxley sagte einmal: »Unwissenheit ist besiegbar. Wir wollen etwas nicht wissen, das ist der Grund, weshalb wir es nicht wissen.« Er hat völlig recht. Unwissenheit ist nichts Dauerhaftes und Unveränderliches. Wir können in den Atem der Unwissenheit eindringen und sie in Weisheit und Wissen verwandeln. Aber stattdessen verneinen wir die Existenz der Unwissenheit in uns. Das ist ein Fehler. Wir müssen die Tatsache anerkennen, daß wir im Augenblick voller Unwissenheit sind. Das heißt nicht, daß wir kein Licht in uns haben. Tief in uns ist ein wenig Licht, aber wir müssen dieses Licht zum Vorschein bringen und es wachsen lassen, um unsere eigene höchste Wahrheit zu verwirklichen.

Ein wirklicher Philosoph ist jemand, der ungebunden ist. Er allein kann die Schau der Wahrheit haben. Wenn er diese Schau einmal hat, kann er ohne weiteres gegenüber allem Erfolg und Mißerfolg, Freude und Sorge, Vergnügen und Leiden, gleichgültig sein. Ungebundenheit bedeutet nicht, daß er der Welt nicht helfen oder von ihr keine Hilfe empfangen wird. Es bedeutet, daß er nicht an jene gebunden ist, denen er hilft oder die ihm helfen. Wenn wir gebunden sind, sind wir frustriert, wenn wir jedoch ungebunden sind, sind wir erfüllt. Wenn wir fühlen können, daß es Gott ist, der in uns und durch uns ebenso wie in der Welt und durch die Welt wirkt, dann können wir wirklich frei sein. Man sagt, vor der Heirat sei ein Mann das Bestreben einer Frau, und nach der Heirat sei er die Verzweiflung einer Frau. Aber wonach strebt die Frau? Sie strebt nach der Erfüllung der Wünsche. Wenn der Gegenstand der Wünsche errungen ist, herrscht Enttäuschung und Frustration. Wenn wir irgendeinen unserer Wünsche erfüllen, werden wir erfahren, daß wir nicht die erwartete köstliche Frucht essen, sondern im Gegenteil eine zerstörerische, giftige Frucht.

Es gibt ein indisches Sprichwort: wer den *Dehli ka laddu* (süßer Kuchen aus Dehli) gegessen habe, fühle sich angewidert, und wer ihn noch nicht gegessen habe, fühle sich übergangen. Das ist bei erfüllten und unerfüllten Wünschen immer der Fall. Die Erfüllung mag dem Wunsche folgen, aber es wird nicht jene Erfüllung sein, die uns Energie spendet und uns größere innere Kraft verleiht, damit wir das Richtige tun können. Im Gegenteil, sie wird lediglich das Wenige an Strebsamkeit, das wir bereits haben, zerstören.

Die Gebundenheit schwindet nicht mit dem Alter. Wir können die Gebundenheit nur durch Strebsamkeit besiegen. Um uns von der Gebundenheit zu befreien, müssen wir verschiedene Stadien durchlaufen. Wir müssen uns mit spirituellen Suchern zusammentun, die diese Bücher studiert haben und jetzt nach dem wirklichen Licht schreien, oder mit solchen, die in ihrem strebenden Leben bereits einiges Licht – in unbedeutendem oder beträchtlichem Ausmaß – empfangen haben. Wir müssen sehen und fühlen, daß in der gewöhnlichen Welt alles um uns herum Versuchung ist, daß wir ihr jeden Augenblick zum Opfer fallen können, und daß wir heldenhaft gegen sie kämpfen müssen. Wir müssen unsere Aufmerksamkeit vom physischen Bewußtsein und unserem körperlichen Verlangen weglenken. Wir müssen in die Welt des erweiterten Bewußtseins eintreten. Wir müssen die Notwendigkeit spüren, das göttliche Ziel zu erreichen. Wir müssen der Führung unseres inneren Piloten folgen. Unser innerer Pilot ist entweder Gott in der Form eines gottverwirklichten spirituellen Meisters oder Gott in Seiner eigenen unverkörperten Form.

Jene zu lieben, die uns lieben, heißt das Passende tun.
Jene zu lieben, die uns nicht lieben, heißt das Richtige tun.
Gott zu lieben, der uns immer liebt, heißt das Weise tun.

Wenn wir das Passende tun, sind wir frei.
Wenn wir das Richtige tun, sind wir sicher.
Wenn wir das Weise tun, sind wir erfüllt.

VERHAFTETSEIN UND NICHT-VERHAFTETSEIN

Verhaftetsein und Nicht-Verhaftetsein.
Nicht-Verhaftetsein und Verhaftetsein.
Vom Körper erhalten wir die Botschaft des Verhaftetseins.
Von der Seele erhalten wir die Botschaft des Nicht-Verhaftetseins.

Der Körper ist begrenzt; deshalb will uns der Körper binden und begrenzen. Er will unsere äußeren Fähigkeiten und unsere inneren Möglichkeiten binden und begrenzen.
Die Seele ist in ihren Möglichkeiten und Fähigkeiten grenzenlos und endlos. Deshalb will uns die Seele vom Sumpf der Unwissenheit befreien und uns von der Nacht der Knechtschaft erlösen.
Was ist Verhaftetsein? Verhaftetsein ist der Tanz des äußeren Vergnügens.
Was ist Nicht-Verhaftetsein? Nicht-Verhaftetsein ist das Lied der inneren Freude.
Verhaftetsein endet in der Gefängniszelle der Frustration und der Zerstörung. Nicht-Verhaftetsein erfüllt sich im Palast der Göttlichkeit und der Unsterblichkeit.

Ich bin ein Narr, wenn ich bewußt im Physischen lebe. Ich bin ein größerer Narr, wenn ich ständig meinen physischen Körper bewundere und verehre. Ich bin der größte Narr, wenn ich nur deshalb lebe, um die Bedürfnisse meiner physischen Existenz zu befriedigen.
Ich bin ein weiser Mensch, wenn ich weiß, daß es die Seele gibt. Ich bin ein weiserer Mensch, wenn ich mich darum kümmere, die Seele zu sehen und zu fühlen. Ich bin der weiseste Mensch, wenn ich ständig und seelenvoll, uneingeschränkt und bedingungslos für meine Seele lebe.
Wenn wir am Körper haften, werden wir in kurzer Zeit impulsiv. Wenn wir an der Lebenskraft haften, werden wir in kürzester

Zeit explosiv. Wenn wir am physischen Verstand haften, werden wir letztlich destruktiv.

Wenn wir jedoch unverhaftet im Körper sind, fühlen wir bewußt unser strebendes Bewußtsein. Wenn wir unverhaftet in der Lebenskraft sind, dehnen und weiten wir unser strebendes Bewußtsein aus. Wenn wir unverhaftet im Verstand sind, erfüllen wir unser unbegrenztes Bewußtsein hier auf der Erde in erhabenster Weise.

Leider haben viele Leute das Gefühl, Verhaftetsein und Ergebenheit sei dasselbe. Doch Verhaftetsein bedeutet, daß wir im Endlichen sind und am Endlichen haften, und Ergebenheit bedeutet, daß wir uns dem Unendlichen ergeben und durch das Unendliche befreit werden.

Nicht-Verhaftetsein wird mißverstanden. Wir glauben, jemand, der nicht verhaftet ist, sei gleichgültig. Spirituelle Sucher begehen denselben Fehler, wenn sie glauben, man müsse jemandem äußerste Gleichgültigkeit bis zur vollständigen Vernachlässigung zeigen, wenn man von diesem Menschen ungebunden sein wolle. Dies ist nicht wahr. Wenn wir jemandem gegenüber wirklich gleichgültig sind, tun wir nichts für ihn. Wir haben mit seiner Freude oder seinem Leid, seinen Errungenschaften oder seinen Mißerfolgen nichts zu tun. Doch wenn wir wirklich nicht verhaftet sind, arbeiten wir ergeben und selbstlos für ihn und legen die Ergebnisse unserer Taten dem höchsten Herrn, unserem inneren Piloten, zu Füßen.

Es spielt keine Rolle, ob das Ergebnis ein Erfolg oder ein Mißerfolg ist. Wenn wir nicht am Ergebnis haften, werden wir unser Bewußtsein unmittelbar ausdehnen. Wenn wir uns nicht um die Frucht unserer Tat kümmern, wird uns Gott auf Seine eigene göttliche Weise belohnen.

Krishna sagte: »Du hast das Recht zu handeln, doch du hast kein Recht auf die Früchte deiner Handlung.« Die Upanishaden verkünden: »Tat klammert sich nicht an den Menschen.«

Wenn wir ergeben und selbstlos arbeiten, bindet uns die Tat nicht. Wenn wir uns nicht um das Ergebnis unserer Arbeit kümmern, werden wir ohne Schwierigkeiten Gott zuliebe arbeiten können. Dies ist wahres Nicht-Verhaftetsein; dies ist spirituelles

Nicht-Verhaftetsein. Wenn wir auf die unerleuchtete, unstrebsame Tat verzichten können, treten wir in die göttliche Tat ein, die unser wirkliches Leben darstellt. Und darin ist immer Vollkommenheit und Erfüllung.

Wenn wir unsere ganze Aufmerksamkeit auf die materielle Welt richten und die innere Welt vernachlässigen, lassen wir die Seele in uns verhungern. Die Seele muß zum Vorschein gebracht werden. Es ist ein völliger Irrtum, zu glauben, wir könnten von der materiellen Welt unendlichen Reichtum erhalten. Zweifellos brauchen wir die materielle Welt, doch wir können nicht alle unsere Energien darauf richten. Wir nähren unseren Körper dreimal täglich. Leider haben wir keine Zeit, unsere Seele auch nur einmal am Tag zu nähren. Wir Sucher nach der unendlichen Wahrheit nähren den Körper, damit wir vollkommene Instrumente der Seele werden können.

Die Seele besitzt Göttlichkeit, Ewigkeit und Unsterblichkeit. Die Seele will ihre Welt dem Körper weitergeben. Wenn der Körper empfänglich wird, wird er alles empfangen, was ihm die Seele anzubieten hat. Er wird die Seele als demütiger Diener begleiten. Seine Existenz wird die Existenz der Herrlichkeit und der Göttlichkeit, des göttlichen Dienstes und der erhabenen Erfüllung.

Wir erfüllen Gott hier auf der Erde. Er kümmert sich um uns im Himmel Seines Herzens.

GEBUNDENSEIN

Willst du wissen,
Was Bindung ist,
Suchender?

Wer einen liebt
Und nicht alle,
Der
Ist gebunden.

Wer fühlt,
Daß Gott
Nur ihn erwählt hat,
Der
Ist gebunden.

Wer zuerst
An die Schöpfung denkt,
Nicht
An den Schöpfer,
Der
Ist gebunden.

Sobald der Geist des Handelns
Mit Macht und Frohlocken
Deinen Fußstapfen folgt,
Bist
Du gebunden.

IV
SPIRITUALITÄT

WAS SPIRITUALITÄT IST
UND WAS SIE NICHT IST

Spiritualität ist die bindungslose Freiheit des Menschen auf seinem Lebensboot: die Freiheit seiner Lebensreise, die Freiheit von den Mühsalen, die Freiheit jenseits der Errungenschaften seines Lebens. In der Spiritualität liegt für den Menschen die Schau des Allerfernsten. In der Spiritualität liegt für den Menschen die Wirklichkeit des Allernächsten. Gott hat Mitleid. Der Mensch hat Strebsamkeit. Spiritualität ist das Bewußtseins-Licht, das die Strebsamkeit des Menschen mit dem Mitleid Gottes vereint. Spiritualität sagt dem Menschen, er sei der verhüllte Gott, und Gott sei der enthüllte Mensch. Spiritualität ist keine Flucht vor der Welt der Wirklichkeit. Spiritualität sagt uns, was die Wirklichkeit in Wahrheit ist und wie wir sie hier auf der Erde entdecken können. Spiritualität ist keine Verneinung, sondern die reinste Annahme des Lebens. Das Leben muß vorbehaltlos angenommen werden. Das Leben muß seelenvoll verwirklicht werden. Das Leben muß vollständig verwandelt werden. Das Leben muß ewig gelebt werden.

Spiritualität ist nicht das Lied der Unwissenheit. Sie ist die Mutter der Konzentration, die Mutter der Meditation und der Verwirklichung. Konzentration führt mich auf dynamischem Weg zu Gott. Meditation bringt Gott im stillen zu mir. Verwirklichung führt weder mich zu Gott, noch bringt sie Gott zu mir. Verwirklichung enthüllt mir, daß Gott der blaue Vogel der unendlichen Wirklichkeit ist, und daß ich die goldenen Flügel der göttlichen Wahrheit bin.

Spiritualität hat mich den Unterschied zwischen meinem Reden und meinem Schweigen, zwischen meinem Verstand und meinem Herzen gelehrt. Im Reden versuche ich zu werden. Im Schweigen bin ich. Wenn ich den Mund öffne, verschließt Gott mein Herz. Wenn ich meinen Mund schließe, öffnet Gott mein Herz. Mein Verstand sagt: »Gott braucht mich.« Mein Herz sagt: »Ich brauche Gott.« Mein Verstand will Gottes Schöpfung besitzen und sie gleichzeitig ablehnen. Mein Herz will Gottes Schöpfung umarmen und ihr gleichzeitig dienen. Mein Verstand sagt, er wisse nicht, ob er an Gott oder an sich selbst denke. Und manchmal meint er, weil er nicht an Gott denke, denke Gott ebensowenig an ihn. Mein Herz sieht und fühlt, daß Gott selbst dann an es denkt, wenn es sich nicht darum kümmert, an Gott zu denken.

Die Spiritualität hat mich im Geheimen wissen lassen, was mein tiefstes Bedürfnis ist und wie ich es zufriedenstellen kann. Was ist mein tiefstes Bedürfnis? Gottes Segen. Wie kann ich ihn bekommen? Indem ich ihn mir ganz einfach von Gottes Bank borge. Wie kann ich meine Schuld zurückbezahlen? Nichts leichter als das: Ich borge einfach noch einmal von Gottes Bank. Aber ich muß Weisheit borgen und nichts anderes. Sobald die Weisheit in meinem Besitz ist, ist meine Schuld gelöscht. Diese Weisheit ist wahrlich der Atem der Spiritualität.

Ich bin Gottes Experiment. Er hat mir meinen Namen gegeben: Wissenschaft. Ich bin Gottes Erfahrung. Er hat mir meinen Namen gegeben: Spiritualität. Ich bin Gottes Verwirklichung. Er hat mir meinen Namen gegeben: Einssein – Einssein in der inneren Welt, Einssein in der äußeren Welt.

Gott ist meine Wirklichkeit, der Himmel meine Unsterblichkeit, die Erde meine Göttlichkeit. Aus der Erde wachse ich, mit dem Himmel werde ich, in Gott bin ich.

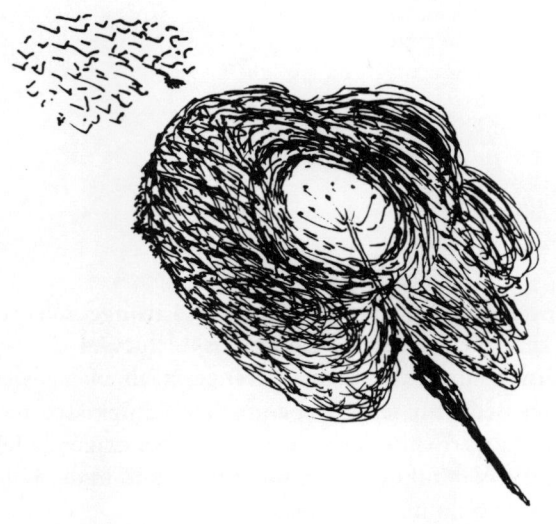

GOTT UND DIE WELT

Die Welt und Gott.
Wie kann man die beiden in Einklang bringen?
Schwierig? Nein.
Keine große Überraschung.
Unser Vater ist Gott,
Die Welt ist unsere Mutter.
Diese lebendige Wahrheit
Ist eine schützende Decke.
Der Vater ist das Gesicht,
Die Mutter das Lächeln.
Ohne das eine
Ist das andere nichtig.

WISSENSCHAFT UND SPIRITUALITÄT

Die wissenschaftlichen und spirituellen Errungenschaften des Menschen sind das bewußte Inspirations-Licht und die bewußte Strebsamkeits-Kraft des göttlichen Dranges nach zwei Zielen: sich der zahllosen Bedürfnisse und unendlichen Fähigkeiten des Körpers bewußt zu werden und die sich selbst übersteigende Jenseits-Schau der Seele hier auf der Erde, im Herzen und in der Unmittelbarkeit von heute zu manifestieren.

Wissenschaft ist jenes kostbare Gut auf Erden, das von einer glühenden Einbildungskraft vorwärtsgestoßen und von seiner eigenen wachsenden Erfahrung vorwärtsgezogen wird. Spiritualität ist jenes kostbare Gut auf Erden, das vom erfüllenden Streben nach innen getragen und später zum Vorschein gebracht wird, wo es mit Gott, dem Erfahrungsfeld, mit Gott, der Erfahrung und mit Gott, dem Erfahrenden bewußt eins werden kann.

In unserer Zeit haben wir die Wissenschaft sehr schnell fortschreiten sehen, währenddem sich das menschliche Glück in alarmierendem Grade zurückgebildet hat. Die Welt von heute sieht die Spiritualität als eine flackernde Kerzenflamme, aber die Welt von morgen wird vom Licht der Spiritualität überflutet werden.

Die Wissenschaft beschäftigt sich gegenwärtig vor allem mit der materiellen Welt. Was ist die materielle Welt? Es ist die Welt, die nicht an die Möglichkeit und an die Unvermeidlichkeit eines göttlichen Lebens glaubt. Die Spiritualität beschäftigt sich gegenwärtig vor allem mit der inneren Welt. Was ist die innere Welt? Die innere Welt ist die Welt, die sieht, daß heute die Möglichkeit eines göttlichen Lebens auf der Erde zweifellos irreal ist; aber morgen wird es möglich, übermorgen praktizierbar und tags darauf unvermeidlich sein.

Die Wissenschaft hat die Fähigkeit, der Menschheit die volle Entwicklung des *mentalen* Lebens zu zeigen. Die Spiritualität hat die Fähigkeit, der Menschheit das *supramentale* Leben, die Möglichkeit und die Unvermeidlichkeit des Lebens jenseits des Verstandes zu zeigen.

Der äußere Fortschritt und die Entdeckung der Welt folgen den fruchtbaren Vorstellungen in der Welt der Wissenschaft auf dem Fuß. Der innere Fortschritt und die Selbstentdeckung folgen voller Freude dem seelenvollen Streben im Leben der inneren Welt, der Welt der Spiritualität.

Die Wissenschaft und das moderne Leben sind sichtlich aufeinander angewiesen. Das moderne Leben ist das Auge, die Wissenschaft ist die Sehkraft. Die Spiritualität und das zukünftige Leben der Menschheit werden ebenfalls aufeinander angewiesen sein. Das zukünftige Leben der Menschheit wird das voll erweckte Bewußtsein und die Spiritualität seine führende und erfüllende Seele sein. Die Wissenschaft ist zu einer Kunst geworden, und diese Kunst muß nun neben allen anderen Künsten stehen. In der modernen Welt kann ohne die Mithilfe der Wissenschaft keine Kunst ihren vollsten Ausdruck erlangen. Spiritualität ist die erhabene Kunst der Verwandlung unserer Natur. Gott, der erhabene Künstler, benützt die Spiritualität, um der Welt auf göttliche Weise die im Menschen verkörperte göttliche Wirklichkeit und ihn übersteigende Wahrheit zu enthüllen.

Um seine praktischen Bedürfnisse zu befriedigen, schreit der Mensch bitter nach der Wissenschaft. Um seine persönlichen inneren Bedürfnisse zu befriedigen, schreit der Mensch hilflos nach der Spiritualität.

Die düstere Verzweiflung unbarmherziger Zerstörung und die beispiellose Ekstase äußerer menschlicher Erfüllung haben einen gemeinsamen Freund: die Wissenschaft. Die hoffnungsvollste Gewißheit einer neuen und reinen Schöpfung und die lebensspendende, lebensnährende, lebensverwandelnde und lebenserfüllende Wonne der inneren und göttlichen Erfüllung haben einen gemeinsamen Freund: die Spiritualität.

Wissenschaft und Spiritualität müssen sich vereinigen. Sie brauchen einander gegenseitig. Ohne das eine ist das andere unvollständig, fast sinnlos. Zusammen sind sie nicht nur in höchstem Maße vollständig, sondern auch göttlich sinnvoll. Die Wissenschaft ist Gottes Körper. Die Spiritualität ist Gottes Seele. Die Wissenschaft ist auch Gott, der Körper. Die Spiritualität ist auch Gott, die Seele. Gott der Körper braucht Gott die Seele, um sich selbst, Seine Individualität, zu verwirklichen. Gott die Seele braucht Gott den Körper, um sich selbst, Seine Persönlichkeit, zu erfüllen.

GEGEN

Gegen das Ufer des Todes,
Brechen die Wellen der Wissenschaft vergebens.
Gegen den Höhepunkt des Lebens
Prallen die Pfeile der Wissenschaft vergebens.
Gegen die Schau der Seele
Kämpfen die Soldaten der Wissenschaft vergebens.

AUFRICHTIGKEIT UND SPIRITUALITÄT

Aufrichtigkeit und Spiritualität sind in unserem täglichen Leben von größter Wichtigkeit. Das menschliche Leben kann nur dann erfolgreich sein, wenn es sich zielgerichtet darum bemüht, die Wahrheit in der Vielfalt des Lebens zu bestätigen. Für einen Menschen, der Gott liebt, ist Aufrichtigkeit eine Oase in der Wüste des Lebens. Es ist äußerst schwierig, völlig aufrichtig zu sein, aber wir brauchen die Aufrichtigkeit im physischen, im vitalen und mentalen Bereich. Was ist Aufrichtigkeit? Aufrichtigkeit ist das dynamische, vor Energie sprühende Pferd tief in uns. Sein Reiter ist unser psychisches Wesen.

Thomas Carlyle sagt: »Versuche aus dir einen ehrlichen Menschen zu machen. Wenn du ehrlich wirst, dann kannst du sicher sein: es gibt einen Schurken weniger auf der Welt.« Das ist völlig richtig. Wenn wir ehrlich sein können, völlig ehrlich, dann wird unser Leben seinen eigenen Sinn und seine besondere Bedeutsamkeit haben.

Was ist Spiritualität? Spiritualität ist der innere Drang des Menschen, zum Entferntesten zu laufen, zum Höchsten zu fliegen und ins Innerste zu tauchen.

Ein unstrebsamer Mensch wird die Unvollkommenheit und Beschränkungen anderer kritisieren, obwohl ihm selbst die Neigung, der gute Wille und die Fähigkeit fehlen, seine eigenen Unvollkommenheiten und Beschränkungen auszumerzen. Ein spiritueller Mensch hingegen ist aufrichtig. Nicht nur kritisiert er die Unvollkommenheiten anderer nicht, sondern ist sich auch über seine eigenen Unzulänglichkeiten völlig im klaren und versucht sie zu korrigieren. Dazu betrachtet er die Unvollkommenheiten der Welt als seine eigenen und versucht sie zu vervollkommnen, indem er seine eigene Natur vervollkommnet. Die Aufrichtigkeit will das Licht sehen. Die Spiritualität zeigt der Aufrichtigkeit, was Licht ist, wo das Licht ist und wie das Licht gesehen werden kann.

Ein gewöhnlicher Mensch liebt den Körper weit mehr als die Seele. Ein spiritueller Mensch liebt die Seele weit mehr als den Körper. Warum? Er weiß, daß sein Körper nur fünfzig, sechzig, siebzig oder achtzig Jahre bestehen wird und daß er ihn dann aufgeben muß. Jedesmal, wenn er wiedergeboren wird, nimmt er einen anderen Körper an, aber in all seinen Leben hat er dieselbe Seele. Er weiß, daß die Seele der bewußte Vertreter des Höchsten ist, die in jeder Inkarnation die auf der Erde verkörperte Wahrheit enthüllt und manifestiert. Darum liebt ein spiritueller Mensch die Seele weit mehr als den Körper.

Aber ein fortgeschrittener Sucher der unendlichen Wahrheit wird der Seele und dem Körper gleich viel Aufmerksamkeit schenken. Er weiß, daß er die Seele braucht, um in das Höchste, das Letzte, das alles übersteigende Jenseits einzutreten. Aber er braucht auch den Körper, um die Wahrheit zu manifestieren, die er in der höchsten Bewußtseinsebene erringt. Er braucht das Physische, um die Göttlichkeit in sich zu manifestieren. Hier auf der Erde, in und durch den Körper kann er Gottes Schau und Gottes Wirklichkeit erfüllen.

Wir brauchen den Körper; wir brauchen die Seele. Der Körper schreit nach Licht, nach mehr Licht, nach Licht im Überfluß. Die Seele schreit nach Gottes vollständiger Manifestation und nach vollkommener Volkommenheit hier auf der Erde.

Wie die Welt aufrichtige Menschen braucht, so braucht Gott spirituelle Menschen. Ohne aufrichtige Menschen wird die Welt schwach bleiben. Aufrichtigkeit ist Gottes Herz; Spiritualität ist Gottes Atem. Wenn wir Gott unsere menschliche Aufrichtigkeit schenken, wird Gott reine Liebe. Wenn wir Gott unser begrenztes spirituelles Sehnen schenken, wird Gott reine Freude, reiner Stolz.

Mit seinem inneren Licht kann ein spiritueller Mensch hier in der materiellen Welt leicht Erfolg erringen. Dieses Licht ist seine

Seelenkraft. Diese Kraft ist nicht zerstörerisch, sondern aufbauend. Wenn ein spiritueller Mensch mit der äußeren Welt verkehrt, braucht er nichts und niemanden auf der ganzen Welt zu fürchten. Seine Seelenkraft wird immer zum Vorschein kommen und ihm dabei helfen, auf der Erde das Königreich des Himmels zu errichten.

Ein aufrichtiger Mensch ist auf der Erde von größter Wichtigkeit. Aber Aufrichtigkeit allein kann ihn nicht sehr weit bringen. Er mag zu seinen Freunden aufrichtig sein, zu seiner Familie, zur ganzen Welt – aber wenn er das innere Sehnen nicht hat, wird er nicht in die Unendlichkeit, Ewigkeit und Unsterblichkeit eindringen können. Zweifellos steht er weit über einem gewöhnlichen, unaufrichtigen Menschen. Aber wenn er das bewußte Bedürfnis zu streben nicht verspürt, wenn er keine Notwendigkeit verspürt, in das Licht des Jenseits zu wachsen, wenn er den inneren Drang nicht hat, dann wird für ihn das alles übersteigende Ziel immer in weiter Ferne bleiben. Sein Ziel ist nur begrenzte Vollkommenheit, beschränkte Freude und begrenzte Errungenschaft.

Ein spiritueller Mensch hat einen ständigen inneren Hunger. Es ist ein Hunger nach dem Unbegrenzten, nach der Unendlichkeit selbst. Seine Unzufriedenheit ist nicht die Unzufriedenheit, die ein gewöhnlicher Mensch verspürt, wenn er nicht erhält, was er will. Wenn ein spiritueller Mensch mit der Welt unzufrieden ist, so allein darum, weil er fühlt, daß der Reichtum der Welt keinen wirklichen Wert hat. Er will Unendlichkeit, Ewigkeit und Unsterblichkeit, und dies wird er ausschließlich von seiner Strebsamkeit erhalten. Um Strebsamkeit zu erhalten, braucht er Gottes unendliches Mitleid, und er wünscht immer, sich im Sonnenschein von Gottes grenzenloser Gnade zu sonnen.

Ein spiritueller Mensch schaut jedoch nie auf einen aufrichtigen Menschen herab. Er betrachtet diesen aufrichtigen Menschen als seinen jüngeren Bruder. Wer heute aufrichtig ist, hat alle Chancen, morgen in die Welt der Spiritualität einzutreten.

Aufrichtigkeit und Spiritualität sollten Hand in Hand gehen. Wenn jemand nur Aufrichtigkeit hat, wird Gottverwirklichung für ihn in weiter Ferne liegen. Aber wenn jemand neben Aufrichtigkeit noch Spiritualität hat, dann ist er dazu bestimmt, Gott sehr bald zu verwirklichen. Mit Hilfe der Aufrichtigkeit können wir langsam und stetig zu Gott gehen. Mit Hilfe der Spiritualität können wir Gott schnell, überzeugend und triumphierend zu uns bringen.

SIE SPRECHEN

Freude spricht, doch sie sagt
  Nicht immer
Die Wahrheit.
Liebe spricht, doch sie sagt
  Nicht immer
Die Wahrheit.
Einssein spricht und sagt
  Immer
Die Wahrheit.
Was ist Wahrheit?
Gottes erste Erfindung
  Und
Des Menschen letzte Entdeckung.

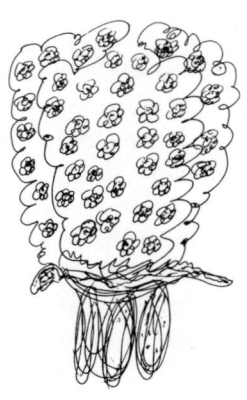

DER SINN DES LEBENS

Das Leben ist Gottes sich selbst übersteigender Segen für Seine
Schöpfung. Was ist wichtiger als Gottes Segen? Gottes Anteilnahme. Was ist wichtiger als Gottes Anteilnahme? Die vollständige Erfüllung von Gottes Wille.

Das Leben ist des Menschen Erfahrung von Weisheit und
Vertrauen. Weisheit ohne Vertrauen ist die Knechtschaft der
Nichtigkeit. Vertrauen ohne Weisheit ist das Lächeln der Torheit.
Vertrauen und Weisheit können Hand in Hand gehen. Vertrauen
erweckt uns dazu, die Wahrheit zu sehen. Weisheit hilft uns, die
Wahrheit zu leben.

Die äußere Welt ist ein Spiel der Auseinandersetzung zwischen
den flüchtigen, zerstörerischen Gedanken des menschlichen Verstandes und dem aufbauenden, anhaltenden Willen der menschlichen Seele. Die innere Welt ist ein Spiel der Harmonie zwischen
der Selbsthingabe des Verstandes und der Annahme der Seele.

Leben ist Wille. Es gibt nur einen Willen, der zwischen Gott und
dem Menschen vermittelt. Dieser Wille ist gleichzeitig der herab-
steigende Schrei der Anteilnahme und des Mitleids, und der
hinaufsteigende Schrei der Liebe und der Hilflosigkeit.

Das Leben ist der bewußte Versuch des Menschen, Gott von
Angesicht zu Angesicht zu sehen.

Versuche zuerst. Dann schreie. Wenn nötig.
Gib zuerst. Dann nimm. Wenn nötig.
Laufe zuerst. Dann bleib stehen. Wenn nötig.
Tue zuerst. Dann rede. Wenn nötig.

Gedanken, menschliche Gedanken, regieren die Welt. Aber bloßes Denken ist wertlos.

> Wenn ich denke, ist Gott meine Enttäuschung.
> Wenn ich schreie, ist Gott mein Trost.
> Wenn ich versuche, ist Gott meine Rettung.
> Wenn ich will, ist Gott meine Erleuchtung.

Wenn wir das Leben wirklich lieben, müssen wir zuerst Gott lieben, denn Gott ist nicht nur die Quelle, sondern auch der Atem des Lebens. Liebe zu Gott kostet nichts, überhaupt nichts, aber sie ist viel wert. Unser Verstand kennt diese Wahrheit. Unser Herz setzt diese Wahrheit in die Tat um. Unsere Seele verkörpert diese Wahrheit.

Das letzte Ziel des menschlichen Lebens ist Befreiung. Befreiung ist die Wahl des Menschen und die Gnade von Gott. Befreiung ist die vollständige Freiheit des Menschen und Gottes unaufhörliche Verantwortung.

Du schreist, weil du keine Pläne hast, wie du dein Leben sinnvoll und erfolgreich gestalten könntest. Er schreit, weil alle seine Pläne zu einem unbefriedigenden Schluß geführt haben. Ich schreie, weil ich keine Pläne haben will. Ich will stets zu Füßen des Höchsten sitzen, der gleichzeitig Schau und Wirklichkeit ist.

Mein Leben hat drei Ärzte: Liebe, Ergebenheit und Hingabe. Liebe heilt die Engstirnigkeit meines Verstandes. Ergebenheit heilt die Unreinheit meines Herzens. Hingabe heilt die Unwissenheit meines Lebens.

Mein Leben hat drei Götter: Gott die Existenz, Gott das Bewußtsein und Gott die Glückseligkeit. Gott die Existenz lebt ewig in mir. Gott das Bewußtsein wächst unaufhörlich in mir. Gott die Glückseligkeit lebt unsterblich in mir.

DER SEELENVOGEL

Oh Welt-Unwissenheit,
   Obwohl
Du meine Füße gefesselt hast,
   Bin ich frei.
   Obwohl
Du meine Hände gekettet hast,
   Bin ich frei.
   Obwohl
Du meinen Körper versklavt hast,
   Bin ich frei.
Ich bin frei,
   weil ich nicht vom Körper bin.
Ich bin frei,
   weil ich nicht der Körper bin.
Ich bin frei,
   weil ich der Seelenvogel bin,
Der im Unendlichkeits-Himmel fliegt
Ich bin das Seelenkind,
Das im Schoße des unsterblichen
   höchsten Königs träumt.

WIE MAN IN ZWEI WELTEN LEBT

Es gibt zwei Welten: Die eine ist die Welt der Wahrheit, die andere die Welt der Falschheit. Wo liegt die Lösung, wenn sich Wahrheit und Falschheit uneinig sind? Sie liegt in ihrer Annahme, in ihrer gegenseitigen Annahme. Die Wahrheit wird die Falschheit annehmen, um das Leben der Falschheit umzuwandeln. Die Falschheit wird die Wahrheit annehmen, um den Atem der Wahrheit zu manifestieren.

Zwei Welten: Annahme und Ablehnung. Ich nehme an. Ich nehme mit tiefster Dankbarkeit an, was Gott für mich hat: Erleuchtung. Ich lehne mit größter Bestimmtheit ab, was die Welt für mich hat: Frustration.

Zwei Welten: Bedingung und Situation. Die Bedingung sagt: »Gott gibt, wenn du gibst.« Die Situation sagt: »Du bist hilflos. Gott allein kann geben, und Er gibt auch.«

Im Unterschied zu andern hat mein Gott zwei Namen: Wonne und Mitleid. In der inneren Welt rufe ich Ihn beim Namen Wonne. In der äußeren Welt rufe ich Ihn beim Namen Mitleid. Mein Gott hat zwei Seelen. Die Seele, die Er in der äußeren Welt hat, enthüllt Seine Wirklichkeit. Mein Gott hat zwei Körper. Sein äußerer Körper ist meine Inspiration. Sein innerer Körper ist meine Emanzipation.

Himmel und Hölle stellen zwei Welten in unserem Bewußtsein dar. Der Himmel überrascht die Hölle mit seiner grenzenlosen Freude. Die Hölle überrascht den Himmel mit ihrem unaufhörlichen Schrei. Der Himmel sagt zur Hölle: »Ich weiß, wie man tanzt, und ich kann es dich lehren, wenn du willst.« Die Hölle sagt zum Himmel: »Wunderbar, du weißt, wie man tanzt, und bist bereit, es mir beizubringen. Ich hingegen weiß, wie ich mir die Beine brechen kann, und ich kann dir auch deine Beine brechen, wenn ich will.«

Wissenschaft und Spiritualität sind zwei verschiedene Welten. Die Wissenschaft will Distanzen verkürzen. Die Spiritualität will Distanzen aufheben. Für mich genügt weder das eine noch das andere. Meine Vision will die Distanz vergöttlichen und verwandeln.

Ost und West: zwei Welten. Wir müssen sie vereinen. Das erwachte Bewußtsein des Menschen neigt sichtlich zum Göttlichen. Dies ist ein überaus hoffnungsvoller Lichtstrahl inmitten der Dunkelheit, die uns heute umgibt. Dies ist ein Augenblick, wo man sich nicht nur die Hände reicht, sondern wo Geister, Herzen und Seelen sich helfen. Über alle physischen und intellektuellen Hindernisse zwischen Ost und West hinweg, hoch über nationalen und individuellen Normen, wird das höchste Banner des göttlichen Einsseins wehen.

Die äußere Welt ist eine Welt des begründeten Verstandes. Die innere Welt ist eine Welt der Erfahrung. Die äußere Welt findet es schwierig, an die Existenz Gottes zu glauben. Aber in der inneren Welt ist die Existenz Gottes immer und überall vorhanden. Sri Aurobindo sagte:

»Man bewies mir mit überzeugenden Argumenten, daß Gott nicht existiere, und ich glaubte es. Dann sah ich Gott, denn Er kam und umarmte mich. Wem soll ich jetzt glauben, den Begründungen von andern oder meiner eigenen Erfahrung?«

Können wir in zwei Welten leben? Sicher können wir das. Wenn wir spontane Inspiration haben, können wir erfolgreich in der äußeren Welt leben und unsere äußeren Ziele erreichen. Wenn wir seelenvolle Strebsamkeit haben, können wir in der inneren Welt leben und unser inneres Ziel erreichen.

Die äußere Welt ist der Körper. Die innere Welt ist die Seele. Wenn wir im Körper sind, müssen wir ständig den Weisungen der Seele folgen, so daß der Körper, statt ein blindes Werkzeug des Schicksals zu sein, zu einem vollkommenen Kanal für den Höchsten, für Seine göttliche Manifestation im Physischen wird.

Und wenn wir in der Seele leben wollen, um unendliches Licht, unendlichen Frieden und unendliche Glückseligkeit zu erfahren, dann dürfen wir den Körper nicht verneinen, wir dürfen ihn nicht zerstören, denn solange die Seele auf der Erde ist, wohnt sie im Innern des Körpers.

ENTHÜLLENDE SEELE UND ERFÜLLENDES ZIEL

Wenn Du nur wüßtest, Vater,
Was ich für Dich getan habe.
Ich habe einen aufstrebenden Baum gepflanzt
und aufgezogen,
Damit Du frei lächelnd auf seinem Gipfel
tanzen kannst.

Wenn Du nur wüßtest, Vater,
Was ich für Dich getan habe.
Ich bin zum niedersten Sklaven der Welt
geworden,
Um Deinem Atem im Menschen, dem Grab,
zu dienen.

»Wenn du nur wüßtest, Kind,
Wie sehr Ich immer an dich denke.
Du bist die enthüllende Seele Meines Lebens,
Du bist das erfüllende Ziel Meiner Schau.«

V
MYSTIK

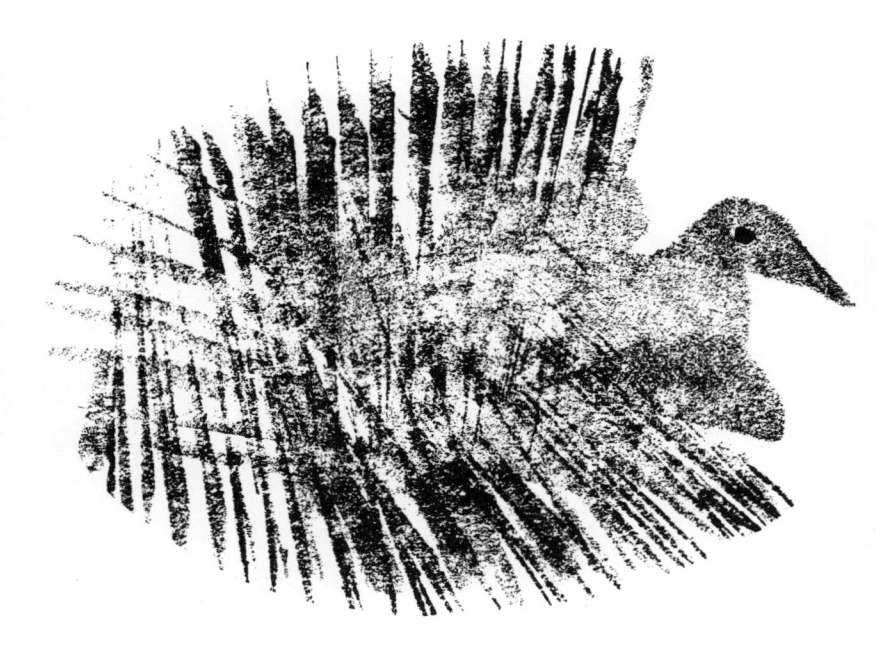

WAS IST MYSTIK?

Studieren Sie Mystik, wenn Sie wollen. Sie wird Ihrem Herzen Freude, Ihrem Verstand Inspiration und Ihrem Leben die wahre innere Sicherheit, die seelenvolle Erfüllung schenken. Aber versuchen Sie nicht, sie zu definieren. Versuchen Sie nicht, sie zu interpretieren. Wenn Sie versuchen, die Mystik zu definieren, kann es Ihnen nur mißlingen. Wenn Sie versuchen, die Mystik zu interpretieren, wird es Ihnen völlig mißlingen.

Wir werden mit Erfahrungen beschenkt: Von der Wissenschaft erhalten wir wissenschaftliche Entdeckungen, von der Geschichte historische Enthüllungen, von der Philosophie philosophische Werte, von der Religion religiöse Lehrmeinungen. In diesen Erfahrungen sehen wir die Anwesenheit von Subjekt und Objekt, von Sein und Seiendem, von Schau und Wirklichkeit. Aber eine mystische Erfahrung ist unmittelbares Einssein und geht damit über solche Unterscheidungen weit hinaus. Diese Erfahrung ist das ständige Einssein mit dem Jenseits, dem ewig über sich selbst hinausströmenden Jenseits, das immer unbeschreiblich bleibt. Wenn die Mystik zu sehr vereinfacht und unterschätzt wird, kommt sie von ihrer ursprünglichen Sphäre herab und stellt sich neben die Religion. Aber selbst hier wird ein aufrichtiger Mensch erkennen, daß seine höchste religiöse Erfahrung nicht mehr als eine ungewisse, dunkle und schwache Wahrnehmung der Wahrheit ist, während dem er die Intensität, die Unermeßlichkeit und die Gewißheit der Wahrheit fühlen wird, gleich was für eine Art mystischer Erfahrung er macht.

Wir müssen auch lernen, daß religiöse Ekstase und mystische

Ekstase in unserem inneren Leben nicht dieselbe Rolle spielen. Religiöse Ekstase spricht zur Hauptsache das Menschliche in uns an. Diese Ekstase ist auf das Körperbewußtsein, den disziplinierten oder undisziplinierten Bereich der Lebenskraft in uns, den erleuchteten oder unerleuchteten Verstand, das reine oder unreine Herz beschränkt. Aber die mystische Ekstase trägt uns sogleich ins Jenseits, wo wir vom ewigen Leben umarmt, vom allnährenden Licht bewirtet und von der sich selbst transzendierenden Wahrheit gesegnet werden.

Die primitive Religion bot der Lebenskraft des Menschen die Ekstase im physischen Verstand und im begehrenden Herzen an. Die voll entwickelte Mystik bietet jetzt ihre Ekstase in unbegrenztem Ausmaß den befreiten und in reichlichem Maß den Seelen an der Schwelle zur Befreiung an.

Wo die Mystik abschätzig betrachtet wird, schiebt man immer dem Hinduismus die Hauptschuld zu. Es gibt viele überhebliche Leute im Westen, die die höchste Hindu-Mystik nicht nur nicht verstehen, sondern durch und durch mißverstehen. Die Hindu-Mystik ist nicht — wie sie vielleicht denken — Selbsthypnose oder Selbsttäuschung, sondern vielmehr seelenvolles Einssein mit dem Leben der Unsterblichkeit, dem Herzen der Unendlichkeit und dem Atem der Ewigkeit. Um den Hinduismus gut zu kennen, muß man Yoga praktizieren, normalerweise unter der direkten Anleitung eines spirituellen Meisters.

Die Mystik des Buddhismus wurde maßgeblich von der Mystik des Hinduismus inspiriert und beeinflußt. Daher kommen die beiden Traditionen praktisch zur Erkenntnis der gleichen Wahrheit und sind alles andere als diametral entgegengesetzt. *Nirvana* transzendiert Leiden und Lust, Geburt und Tod. Die Glückseligkeit des *Nirvana* ist das höchste mystische Einssein mit dem Befreier. Ein Hindu — Mystiker vereinigt sich aufgrund seiner Selbstverwirklichung ebenfalls mit dem Absoluten und ist für immer befreit von den Schlingen der Lust und des Leidens, der Geburt und des Todes.

Die Sufi-Mystik des Islam äußert sich in der innigsten Berauschung der Lebenskraft, in der wahrheitserfüllten symbolischen

Liebe zwischen Braut und Bräutigam. Diese Art der Mystik kann einen bedeutend näher an die Möglichkeit heranbringen, das Einssein mit dem Einen zu erfahren. Doch sie will uns auch sagen, daß der Allah des Korans eine strenge Selbstdisziplin und ein beherrschtes Leben verlangt. Nach seinen Anhängern schafft diese Mystik schließlich freien Zugang zu Ihm, was aber nur sehr selten wirklich gelingt.

Die glühende Mystik des Judentums ist die Kabbala. Diese mystische Lehre ist auf der okkulten Interpretation der Bibel begründet, und sie wurde den Eingeweihten erfolgreich als esoterische Doktrin weitergegeben.

Das Christentum verdankt seinen mystischen Drang nicht dem Judentum, sondern der griechischen Welt. Gewisse Gelehrte sind der Meinung, daß dem Neuen Testament die mystische Erfahrung fehle. Es fällt mir schwer, ihnen beizustimmen. Das Neue Testament ist voller mystischer Erfahrungen. Diesen Gelehrten fehlt nur der Schlüssel zum Öffnen der mystischen Türe, die zur Vereinigung mit Gott führt, weil ihnen die Fähigkeit abgeht, in die Tiefe der Botschaften des Neuen Testaments einzudringen.

In Spanien schenkte Theresa von Avila der Welt etwas tief Mystisches. Ihre mystische Erfahrung ist der erfolgreichste Höhepunkt der göttlichen Vermählung zwischen der strebenden Seele und dem befreienden Christus, und hier ist es, wo der hilflos schreiende Wille des Menschen und Gottes allmächtiger, allerfüllender Wille einander umarmen.

Mystik ist nicht das alleinige Vorrecht des Hinduismus. Das Christentum und andere Religionen haben den Reichtum der Mystik ebenfalls entdeckt.

Die Quintessenz der Mystik

Es gibt drei hauptsächliche Pfade, die zur Gottverwirklichung führen: der Pfad des selbstlosen Dienstes, der Pfad der Liebe und der Hingabe und der Pfad des Wissens und der Weisheit. Mystik (Raja Yoga) ist ein bedeutender Zweig des Yoga des Wissens (Jnana Yoga). Das Höchste Wissen ist unendlich viel mehr als bloßes philosophisches Wissen. Mystik ist Erfahrung, die direkte und intime Erfahrung der Wahrheit. Nachdem die Philosophie auf dem Pfad des Wissens eine große Strecke zurückgelegt hat, wird sie müde und ruht sich aus. Mystik beginnt, wenn und wo die Philosophie aufhört. Die Seher enthüllten das Wissen der Wahrheit der ganzen Welt, nachdem sie sie persönlich erfahren hatten. Die Seher singen:

Ich habe Es erkannt, das Höchste Wesen,
Strahlend, leuchtend wie die Sonne jenseits der Finsternis,
Weit jenseits der Fangarme des Trübsinns.

Die Seher lehren uns, daß die sich selbst transzendierende Wirklichkeit und die all-verkörpernde Existenz ein und dasselbe sind. Ein Mystiker faßt Einheit und Verschiedenheit als eins auf. Weiter sieht er die Einheit in der Verschiedenheit. Er sagt der Welt, daß das Eine und das Viele eins sind. Das Eine ist das Viele in seiner universellen Form. Das Viele ist das Eine in seiner sich selbst transzendierenden Form. In unserem spirituellen Leben begegnen wir zwei bedeutungsvollen Begriffen: Okkultismus und Mystik. Okkultismus ist Verheimlichung und verlangt nach Verheimlichung: Alles soll in größter Geheimhaltung bewahrt werden. Die Mystik jedoch ist bereit, ihre Errungenschaft, das sich selbst transzendierende Wissen, allen anzubieten, die danach verlangen.

Der Unterschied zwischen einem Philosophen und einem Mystiker liegt in der Tatsache, daß ein Philosoph den Körper der Wahrheit nur mit größten Schwierigkeiten sieht, dazu bloß aus der Ferne und recht unvollkommen, währenddem ein Mystiker nach Belieben in die eigentliche Seele der Wahrheit eindringt und dort so lange leben kann, wie er will. Dazu erhält er von Gott die Erlaubnis, den unermeßlichen Reichtum der Seele zum Vorschein zu bringen und ihn mit den Suchern nach der Wahrheit zu teilen. Die Mystik bestätigt, daß das Wissen des Göttlichen universal ist.

Befassen wir uns für einen Augenblick mit der Überlieferung des himmlischen Mysteriums, des *vak* in den Veden. *Vak* ist das Wort. *Vak* verkörpert und enthüllt gleichzeitig die Wahrheit. Als Verkörperung der Wahrheit empfängt es von Gott schöpferische Inspiration in unendlichem Ausmaß. Als Enthüllung der Wahrheit schenkt es der Menschheit Gott selbst, den höchsten Befreier. *Vak* ist das Bindeglied zwischen zwei Welten: der Welt, die sich noch nicht verwirklicht und erfüllt hat, und der Welt, die sich bereits verwirklicht und erfüllt.

Die Mystik hat ihre eigene Sprache. Ihr Name ist Intuition. Darin kann es niemals einen Verstand oder eine gedankliche Analyse geben. Ein Mystiker setzt sich auf die Schwingen des Intuitions-Vogels und fliegt zum letztlich Wirklichen. Intuition enthüllt das vollkommene Einssein der sich selbst transzendierenden Schau mit der absoluten Wirklichkeit. Ein Mystiker ist aufrichtig genug, die Wahrheit zu sagen: Er sagt, es sei für ihn fast unmöglich, seine innere Erfahrung zu interpretieren. Kein Wort, kein Gedanke kann seiner Erfahrung gerecht werden. Verstand und Sinne sind nicht länger am Leben, da sie auf ihrem Rennen zum Unbekannten hin zusammengebrochen sind.

Das letzte Mysterium des Universums ist nicht für Verstand und Sinne. Das Wissen des Jenseits ist nicht für sie. Die Mystik betont die Einheit aller Seelen in der universalen Seele. Wenn wir das Universum betrachten, sehen wir es als Konfliktherd der Auseinandersetzungen zwischen Gut und Böse, zwischen Dunkel und

Licht, zwischen Unwissen und Wissen. Selbstverständlich hat dieser Kampf lange vor dem Erscheinen des Menschen angefangen und hält immer noch an. Das Licht wirkt in der strebenden Seele und durch die strebende Seele; die Dunkelheit wirkt in der nicht strebenden Seele und durch die nicht strebende Seele. Die wirkliche Verwandlung der menschlichen Natur kommt nicht durch ein strenges, asketisches Leben oder durch eine völlige Abwendung von der Welt, sondern durch eine schrittweise und vollständige Erleuchtung des Lebens. Und dafür braucht man Strebsamkeit. Strebsamkeit und Strebsamkeit allein ist der Vorläufer dieser Erleuchtung.

Eine mystische Erfahrung ist für den Strebenden die innere Gewißheit der Wahrheit. Diese Gewißheit beruht auf Enthüllung. Enthüllung ist innere Autorität. Innere Autorität ist endgültig. Und wer hat diese Autorität? Nicht derjenige, der ein Opfer gnadenloser Logik ist, sondern derjenige, der die Erfahrung gemacht hat und jetzt in die Erfahrung selbst hineingewachsen ist. Logik ist die begründende und begründete Wahrheit – der Stolz des Endlichen. Mystik ist die enthüllende und enthüllte Wahrheit – der Stolz des Unendlichen. Wenn wir die Mystik glauben, dann müssen wir einsehen, daß die letzte Wahrheit nicht nur über der Vernunft liegt, sondern der Vernunft direkt entgegengesetzt ist. Wenn wir etwas mit Hilfe der Vernunft glauben, betreten wir den lebenspeinigenden Pfad der Pluralität, der unbewußten Pluralität des Getrenntseins. Aber wenn wir etwas aufgrund unseres inneren, mystischen Vertrauens glauben, betreten wir den lebensspendenden und lebenserfüllenden Pfad der transzendentalen Wirklichkeit der Einheit.

Martin Luther mißtraute der Leistungsfähigkeit der Vernunft zutiefst. Er glaubte auch nicht an Rituale oder an bloße Arbeit als Mittel zur Erlösung. In seiner Mystik sehen wir das lächelnde und überzeugende Gesicht des Glaubens. Glaube allein kann die Erlösung mit sich bringen. Glaube allein hat den Schlüssel zur Erlösung.

Das Sein und das Seiende leben zusammen. Sie sind eins. Im dreizehnten Jahrhundert hat Meister Johannes Eckhart diese Ansicht mit Nachdruck verfochten. Wir müssen erkennen, daß das Seiende in den göttlichen Eigenschaften der menschlichen Seele einzeln in Erscheinung tritt, währenddem das Sein auf glorreiche Weise in den menschlichen Eigenschaften der göttlichen Seele in Erscheinung tritt. Für die menschliche Seele ist die umfassende Vereinigung mit Gott das Ende der Reise. Für die göttliche Seele ist die absolute Manifestation von Gott das Ende der Reise.

Die Mystik sagt uns, daß Gottverwirklichung nicht durch Ideen erreicht werden könne, sondern durch das ständige Gefühl des Einsseins mit der Wahrheit. Eine Idee zeigt im besten Fall den passiven Aspekt der Sinneswelt an, denn ein gedankliches Gebilde ist direkt oder indirekt an die Sinnenwelt gebunden. Aber das Gefühl des Einsseins mit der Wahrheit transzendiert die Sinnenwelt ohne weiteres und enthüllt den aktiven und dynamischen Aspekt des Evolutionsprozesses des Lebens im fließenden Strom der Ewigkeit.

Ein Mystiker sagt der Welt, Gottes Körper sei Weisheit und Gottes Seele sei Liebe. Ein weltlicher Mensch glaubt, sein Körper und seine physischen Tätigkeiten formten die Seele. Ein Mystiker sagt lächelnd, es sei die Seele, die den Körper gestalte und ihn in das unbegrenzte Bewußtseinslicht der Seele verwandle.

Santayana sagt: »Mystik ist keine Religion, sondern eine religiöse Krankheit.« Santayana hat vollkommen recht, wenn er sagt, Mystik sei keine Religion; Mystik ist das höchste Streben, das die Religion verkörpert. Aber was die »religiöse Krankheit« betrifft, kann ich mich nie mit Santayanas Erkenntnis einverstanden erklären.

Ich möchte mit aller mir zur Verfügung stehenden spirituellen Zuversicht festhalten, daß Mystik als Allheilmittel dient, als Allheilmittel nicht nur für jene, die danach rufen, das Gesicht Ihres geliebten Gottes zu sehen, sondern auch für jene, die Angst davor haben, Gottes Gesicht in Seinem Allwissen und Seiner Allmacht zu sehen, und selbst für jene, die gnadenlos und unverzeihlich an Gottes wirklicher Existenz zweifeln.

ER HAT DIE SCHRITTE SEINES MEISTERS GEHÖRT

Sein Leben ist voller Lärm,
Sein Leben ist voller Hast,
Sein Leben ist voller Eile.
Er ist das Abbild der Unaufrichtigkeit,
Er ist das Abbild der Undankbarkeit,
Er ist das Abbild des Fehlschlags.
Es gelingt ihm nicht,
    den Sturm seines Fleisches zu stillen.
Es gelingt ihm nicht,
    aus dem Abgrund seiner Zweifel zu kommen.
Es gelingt ihm nicht,
    den Sarg seiner Furcht zu begraben.
    Doch
Er wird gerettet sein,
Er wird befreit werden,
Er wird erfüllt werden,
    Denn
Er hat die Schritte seines Meisters gehört.

TAT UND BEFREIUNG

»Gesegnet ist, wer seine Arbeit gefunden hat;
er bedarf keines anderen Segens.«

Thomas Carlyle

Ein spiritueller Mensch hat seine Arbeit gefunden. Seine Arbeit ist selbstloser Dienst. Seine Arbeit ist ergebene Tat. Er bedarf wirklich keines anderen Segens. Seine Tat ist die göttliche Annahme des irdischen Daseins, und dazu braucht er einen vollkommenen Körper, einen starken Verstand, ein seelenvolles Herz und ein in reichster Weise inspiriertes Leben innerer Empfänglichkeit und äußerer Fähigkeit. Die Tat tritt in das Schlachtfeld des Lebens ein. Die Tat besiegt die unerhörten Nöte und Begrenzungen des Lebens, die in Hülle und Fülle vorhanden sind. Die Tat verwandelt die alles verschlingende Unvollkommenheit des Lebens in glühende Vollkommenheit. Tat ist etwas unendlich viel Tieferes und Höheres als das bloße Überleben der physischen Existenz. Tat ist das höchste Geheimnis, das uns befähigt, in das ewige Leben einzutreten.

Wer das spirituelle Leben nicht bewußt angenommen hat, mag Tat als notwendiges Übel und als Mutter von bitterer Frustration betrachten. Aber für einen spirituellen Menschen ist Tat ein göttlicher Segen. Sie ist der beispiellose Sieg über Knechtschaft und Unwissenheit. Sie ist gleichzeitig Gottes seelenvolle Schau im Himmel und Gottes fruchtbare Mission auf der Erde. Gott sagt, ein Mensch der göttlichen Tat sei der ideale Held. Dieser ideale göttliche Held manifestiert Gott hier auf der Erde. Für ihn ist Gottverwirklichung nicht genug. Sein Herz schreit nach Gottes all-erfüllender Manifestation.

Ein unstrebsamer Mensch stirbt, und seine Rolle ist vorüber.

Ein strebsamer Mensch stirbt, und seine Rolle beginnt gerade erst. Ein spiritueller Meister verläßt seinen Körper, und seine Mission beginnt Früchte zu tragen. Der Mensch ist blind. Er weiß nicht, was tun. Wenn er etwas tun will, weiß er nicht, wie er es anstellen soll; und so gerät er sofort in Schwierigkeiten, statt daß ihm die Arbeit Freude machen würde.

Thomas Huxley bemerkt treffend: »Die schlimmsten Schwierigkeiten beginnen dann, wenn jemand tun kann, was er will.« Wenn jedoch ein Mensch auf die Weisungen seiner Seele hört und fähig ist zu tun, was die Seele von ihm verlangt, dann wird sein Leben in eine goldene Gelegenheit verwandelt werden, und der größte Erfolg wird an die Türe seines Herzens klopfen.

Befreiung. Die Befreiung spricht: »Wir sind keine Sklaven der Natur.« Die Befreiung lehrt. Sie lehrt uns, daß uns jeder Herzschlag eine einzigartige Gelegenheit biete, Befreiung zu erlangen. Die Befreiung singt in uns: »Wach auf, steh auf! Dein ist das ideale Ziel, das Ziel der Ziele.«

Befreiung ist praktische Weisheit des Menschen. Befreiung ist kein Kompromiß mit der Welt. Befreiung ist das Ende vom Wettbewerb des Menschen mit der Versuchung der Natur. Befreiung hebt das Erdbewußtsein in die Himmel des Jenseits hinauf.

Was ist schwieriger: sich um Befreiung zu bemühen, oder, nachdem man befreit worden ist, sich um die Erleuchtung und Verwandlung einer Welt zu bemühen, die die Unwissenheit liebt und die Finsternis umarmt? Zweifellos das letztere.

Das Schicksal des befreiten Menschen ist in der Tat eigenartig. Er denkt ständig an jene, die kaum je an ihn denken. Wenn er vor der Welt steht, reagiert die Welt entweder wie ein verängstigtes Kind oder wie ein bösartiges Kind. Ein befreiter Mensch sagt der Welt, Gott sei nicht nur erkennbar, sondern mehr als erkennbar. Er sagt der Welt, es sei einfacher, Gott zu kennen als die Welt zu kennen, denn wenn jemand die Welt kennen wolle, müsse er sie durch Gott und von Gott kennenlernen.

Sri Krishna ist leibhaftige Erleuchtung. Buddha ist leibhaftige Befreiung. Christus ist leibhaftige Erlösung.

Die Welt bietet ihre Finsternis Sri Krishna an. Die Welt bietet ihr Leiden Buddha an. Die Welt bietet ihre Sünde Christus an. Das gefallene Bewußtsein der Welt fliegt zum höchsten Jenseits, um von Christus, dem Retter berührt zu werden. Das zerbrochene Bewußtsein der Welt taucht in das tiefste Jenseits, um von Buddha, dem Befreier, umarmt zu werden. Das zerschmolzene Bewußtsein der Welt bricht auf zum entferntesten Jenseits, um von Krishna, dem Erleuchter, gesegnet zu werden.

ICH LEBTE

Ich lebte in der Hütte
  Der Träume
Um das Gesicht der Wirklichkeit zu sehen.
Ich lebe im Haus
  Der Träume
Um der Wirklichkeit die Hand zu schütteln.
Ich werde im Palast
  Der Träume leben
Um zur Seele der Wirklichkeit zu werden.

Das grösste Geheimnis der Meditation

Meditation ist der Durst des Menschen nach dem unendlich Wirklichen, ewig Wirklichen und absolut Wirklichen. Das Geheimnis der Meditation ist, bewußtes und ständiges Einssein mit Gott zu erlangen. Das größte Geheimnis der Meditation ist, Gott als sein eigen zu fühlen und am Ende Gott um Seinetwillen zu verwirklichen, Ihn zu enthüllen und Ihn zu erfüllen.

Meditation muß spontan, seelenvoll und korrekt geübt werden. Wenn Sie das nicht tun, wird dunkler Zweifel Ihren Verstand trüben, und in Ihr Herz wird sich die größte Frustration stehlen. Wahrscheinlich werden Sie das Gefühl haben, Ihre ganze Existenz sei in die Tiefen eines gähnenden Abgrundes geworfen worden.

Zum Meditieren brauchen Sie Inspiration. Schriften können Sie inspirieren. Ein spirituelles Buch zu kaufen dauert zehn Sekunden. Ein spirituelles Buch zu lesen dauert einige Stunden. Dieses Buch aufzunehmen dauert einige Jahre. Und die Wahrheit daraus zu leben erfordert vielleicht nicht nur ein ganzes Leben, sondern mehrere Inkarnationen.

Zum Meditieren brauchen Sie Strebsamkeit. Die physische oder spirituelle Anwesenheit eines spirituellen Lehrers kann Ihre schlafende Strebsamkeit erwecken. Er kann es leicht tun und tut es gerne für Sie. Strebsamkeit ist es, was Sie benötigen, um das Ziel Ihrer Reise zu erreichen. Sie brauchen sich nicht um Ihre Verwirklichung zu sorgen; Ihre Strebsamkeit wird sich darum kümmern.

Meditation nährt Ihre Selbstdisziplin. Selbstdisziplin stärkt Ihre Meditation. Meditation reinigt Ihr Herz. Und nur in einem reinen Herzen kann der Aufbruch des menschlichen Lebens zu Gott stattfinden. Man weiß vielleicht, was wirkliche Meditation ist. Vielleicht übt man sie sogar aus, da sie das ist, was die göttliche Natur im Menschen braucht. Aber das Ergebnis oder die Erfüllung der Meditation übersteigt jedes menschliche Verständnis, denn es ist maßlos, grenzenlos, unendlich. Meditation sagt Ihnen nur eines: Gott *ist*. Meditation enthüllt Ihnen nur eine Wahrheit: Ihnen gehört die Gottesschau.

Zu meinem größten Bedauern bestehen für einige von Ihnen im Westen ernste Mißverständnisse in Bezug auf die Meditation. Sie glauben, der Höhepunkt der Meditation bestehe in Wahrsagerei oder in Wunderkrämerei. *Wahrsagerei* reimt sich nicht mit *Meditation*. *Wunderkrämerei* reimt sich ebenfalls nicht mit *Meditation*. Aber *Realisation* reimt sich vollkommen mit *Meditation*. *Befreien* reimt sich seelenvoll mit *meditieren*. Wollen sie wirklich Gott verwirklichen? Wollen Sie wirklich Gottes unendlichen Frieden und Segen? Wenn ja, dann sollten Sie sich Tausende und Abertausende von Kilometern weit weg von Wahrsagern und Wunderkrämern halten. Wenn Sie glauben, daß sie Sie inspirieren, dann täuschen Sie sich. Gehen Sie tief in sich, und Sie werden entdecken, daß sie lediglich Ihre eitle, einsichtslose und unfruchtbare Neugier geweckt haben. Neugier ist nicht Spiritualität. Und die Wahrsager und Wunderkrämer haben Ihnen insgeheim und absichtlich noch etwas anderes angeboten: Versuchung. Versuchung ist der Vorbote der Zerstörung. Hier endet die göttliche Mission Ihres Lebens erfolglos und unerfüllt. Sie müssen auf der Hut sein. Ich bitte Sie dringend, die echte Meditation Ihres Herzens nicht mit Wahrsagerei und Wunderkrämerei durcheinanderzubringen. Verschwenden Sie Ihre Zeit nicht. Ihre Zeit ist wertvoll. Ihre Meditation ist unbezahlbar. Ihre Errungenschaft wird der Schatz der zeitlosen Ewigkeit, der maßlosen Unendlichkeit und der todlosen Unsterblichkeit sein. Warten Sie nicht. Alles kommt zu dem, der wartet, außer der Verwirklichung, die das Heute verkörpert, und der Befreiung, die das Jetzt enthüllt.

Meditation ist der Schrei unserer Seele nach der vollkommenen Vollkommenheit unseres Lebens. Die Morgendämmerung der Vollkommenheit ist auf der Erde noch nicht angebrochen, aber eines Tages wird sie erscheinen. Vollkommenheit ist das Ideal des menschlichen Lebens. Um Swami Vivekananda zu zitieren: »Keiner von uns hat je ein ideales menschliches Wesen gesehen, und doch wird uns gesagt, wir sollen an es glauben. Keiner von uns hat je einen idealen, vollkommenen Menschen gesehen, und trotzdem können wir ohne dieses Ideal nicht vorwärtskommen.« Meditation allein kann Vollkommenheit hervorbringen. Die Meditation bringt uns hinter die Frustration der Sinne, hinter die Begrenzung der begründenden Vernunft. Und am Ende kann uns die Meditation mit dem Atem der Vollkommenheit beschenken. Das letzte Ziel der Meditation ist, den Höchsten zu verwirklichen. Die Katha Upanishade hat der Welt eine spirituelle Botschaft anzubieten. Es ist eine innere Botschaft:

Höher als die Sinne sind die Objekte der Sinne.
Höher als die Objekte der Sinne ist der Verstand.
Höher als der Verstand ist der Intellekt.
Höher als der Intellekt ist das Große Selbst.
Höher als das Große Selbst ist das Unmanifeste.
Höher als das Unmanifeste ist die Person.
Höher als die Person ist nichts.
Das ist das Ziel. Das ist die höchste Lehre.

Die Person ist wirklich das höchste Selbst. Aufgrund unserer höchsten und tiefsten Meditation erlangen wir unfehlbar freien Zugang zum Höchsten.

Am Anfang unserer sprituellen Reise haben wir das Gefühl, Meditation sei unsere eigene Anstrengung und Bemühung. Am Ende unserer spirituellen Reise erkennen wir, daß Meditation Gottes Gnade, Sein unendliches Mitleid ist.

Der Preis liegt nie richtig. Vor der Verwirklichung liegt er zu hoch. Nach der Verwirklichung liegt er zu tief.

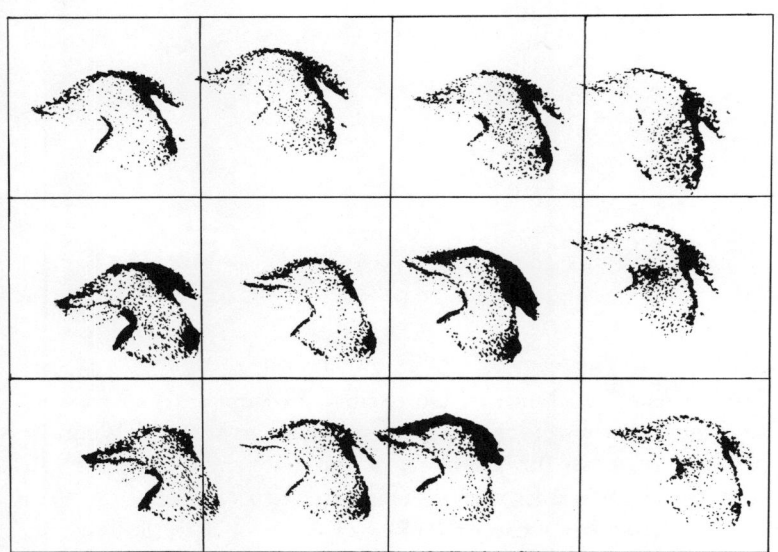

WER KANN SICH BEHAUPTEN?

Wer kann sich gegen die Unreinheit des Menschen
  behaupten?
  Nein, nicht einmal ein Heiliger.
Wer kann sich gegen die Unaufrichtigkeit des Menschen
  behaupten?
  Nein, nicht einmal ein Weiser.
Wer kann sich gegen die Dunkelheit des Menschen
  behaupten?
  Nein, nicht einmal ein Seher.
Wer kann sich gegen die Unwissenheit des Menschen
  behaupten?
  Nein, nicht einmal ein Yogi.
Wer kann sich gegen die Dummheit des Menschen
  behaupten?
  Nein, nicht einmal ein Avatar.
Wer kann sich gegen die Nichtigkeit des Menschen
  behaupten?
  Nein, nicht einmal Gott.

73

DAS HÖCHSTE GEHEIMNIS

Das höchste Geheimnis ist Gott selbst. Er kann gesehen werden. Er kann gefühlt werden. Er kann verwirklicht werden. Wenn Er gesehen wird, ist Er Existenz. Wenn Er gefühlt wird, ist Er Bewußtsein. Wenn Er verwirklicht wird, ist Er Wonne. In Seiner Verkörperung der Existenz ist Er ewig. In Seiner Enthüllung des Bewußtseins ist Er unendlich. In Seiner Manifestation der Wonne ist Er unsterblich. Seine alles übersteigende Schau und Seine absolute Wirklichkeit sind die zukünftigen Errungenschaften des Menschen. Die sich ausdehnende Liebe, die schreiende Ergebenheit und die glühende Hingabe des Menschen sind der zukünftige Besitz Gottes.

Gott ist zugleich endlich und unendlich. Er ist im Raum. Er kann gemessen werden. Er muß gemessen werden. Er ist jenseits des Raumes. Er ist unermesslich. Er ist grenzenlos. Er ist unendlich. Kleiner als eine Nadelspitze ist Er. Größer als die sieben höheren und die sieben niederen Welten zusammen ist Er. In Seinem Herzen ist das Leiden der Erde. In Seiner Seele ist die Freude des Himmels. Insgeheim sagt Er der Erde: »Mein Kind, Ich bin dein. Ich stehe dir zu Diensten. Nimm Mich in Anspruch, und wir beide sind erfüllt.« Zum Himmel sagt Er offen: »Mein Kind, du bist Mein. Du stehst Mir zu Diensten. Beuge dein Haupt, gehe hin und schenke das Licht Meiner Schau und die Höhe Meiner Wirklichkeit deiner Schwester Erde, die jünger ist an Weisheit, älter aber an Geduld.«

Das höchste Geheimnis ist das höchste Wissen. Dieses Wissen ist das Lied der Befreiung. Dieses Wissen ist der Tanz der Enthüllung. Dieses Wissen ist die Stille der Vollkommenheit. Wenn ein Mensch befreit ist, sitzt er zu Füßen Gottes. Wenn ein Mensch vollkommen vollkommen ist, wird Gott ihm die Hand schütteln. Sie können sicher sein, daß Gott eines Tages diesen vollkommenen Sohn Seiner selbst in die Welt entsenden wird.

Die Welt verrät Ihnen ein beängstigendes Geheimnis: Gott ist streng, Gott verlangt, Gott ist unerbittlich. Ich verrate Ihnen ein erleuchtendes Geheimnis: Sie können Gott erreichen, Sie können Gott lieben, Sie können sich an Gott erfreuen. Wenn Ihr Verstand ruhig ist, können Sie Gott erreichen. Wenn Ihr Herz rein ist, können Sie Gott lieben. Wenn Ihre Seele sicher ist, können Sie sich an Gott erfreuen.

Selbstverwirklichung ist das höchste Geheimnis. Zur Zeit sind wir sowohl im Unwissen als auch im Wissen. Die Isha-Upanishade lehrt uns, daß wir Unwissen und Wissen zusammen verfolgen sollten. Durch Unwissen müssen wir den Tod besiegen. Durch Wissen müssen wir Unsterblichkeit erlangen. Hier bedeutet Unwissen das Ausführen von rituellen, feierlichen Handlungen, Handlungen, die um ihrer Früchte willen ausgeführt werden. Und Wissen bedeutet die tiefste Meditation, die den Menschen bewußt mit Gott vereint; Tat, ausgeführt, um Gott zu erfüllen, hier auf der Erde, dort im Himmel; Wahrheit um der Wahrheit willen.

Die Welt sagt mir, als Mensch geboren zu werden sei der schlimmstmögliche Fluch. Ich sage der Welt, als Mensch geboren zu werden sei die bestmögliche Gelegenheit. Indiens unvergleichlicher Avatar, Sri Krishna, hat der Welt noch mehr zu sagen: »Gesegnet ist die menschliche Geburt. Selbst jene, die im Himmel weilen, wünschen sich diese Geburt, denn Gottverwirklichung wird nur von menschlichen Wesen hier auf Erden erlangt.«

Das höchste Geheimnis. Wenn Sie das höchste Geheimnis erkennen wollen, müssen Sie meditieren. Sie müssen wissen, wie man meditiert. Und dafür brauchen Sie einen spirituellen Lehrer. Bis Sie Ihren eigenen spirituellen Lehrer haben, müssen Sie ganz allein meditieren.

Fürchten Sie sich nicht während Ihrer Meditation. Angst ist etwas, das Sie aufgeben können und aufgeben müssen. Gottes ständige Liebe ist etwas, das Sie haben können und haben müssen. Ihre Angst erstickt Gottes Liebe. Ihr Streben nach Gottverwirklichung und Ihre Hingabe an Gottes Willen ersticken all Ihre Angst – die geborene wie die noch ungeborene.

Hegen Sie in den innersten Tiefen Ihres Herzens göttliche Zuversicht. Zuversicht ist das Geheimnis des Erfolges. Hoffnung ist das Geheimnis von Versuchen. Zweifel ist Gift. Zweifel zerstört Ihr Leben der Strebsamkeit im Handumdrehen.

Kämpfen Sie während Ihrer Meditation nicht gegen böse Gedanken. Wenn Sie stets gegen böse Gedanken kämpfen, werden Sie sie zu Ihrer großen Überraschung nur stärken. Aber wenn Sie sich göttlichen Gedanken öffnen, dann werden die bösen Gedanken kein Verlangen nach Ihnen haben. Sie werden furchtbar eifersüchtig auf ihre göttlichen Gedanken sein und Sie innert kürzester Zeit verlassen.

Versuchen Sie während Ihrer Meditation göttliche Liebe aufzubauen. Versuchen Sie die Menschheit seelenvoll zu lieben. Sie mögen sagen:»Wie kann ich andere lieben, wenn ich nicht einmal weiß, wie ich mich selbst lieben soll?« Ich will Ihnen sagen, wie sie sich selbst lieben können. Sie können sich am erfolgreichsten dadurch lieben, daß Sie vorbehaltlos Gott lieben. Sie mögen fragen:»Wie kann ich Gott lieben, wenn ich nicht weiß, was Liebe ist?« Ich will Ihnen sagen, was Liebe ist. Liebe ist die verwandelnde Kraft in unserer menschlichen Natur. Liebe verwandelt unser Leben dunkelster Knechtschaft in ein Leben mächtigster Freiheit. Liebe schreit nach Leben. Liebe kämpft um das Leben. Und schließlich wächst die Liebe ins ewige Leben.

Das höchste Geheimnis ist Gottverwirklichung, nichts mehr und nichts weniger. Gestern hat mich mein Unwissen unbewußt Gott angeboten. Heute bietet mein Wissen bewußt Gott mir an. In meinem unbewußten Gewahrsein von Gott sind weder Gott noch ich erfüllt. In meinem bewußten Einssein mit Gott sind Gott und ich völlig erfüllt.

EINE SÜSSE SEHNSUCHT

Es brennt eine süße Sehnsucht in mir
Nach dem Festland der Wirklichkeit.
Ich werde kein Leben mehr leben,
Das sich auf weithergeholte Einbildungen stützt.
Zersplitterte, zerbrochene und zerstückelte
Wirklichkeiten des Lebens
Können mein furchtloses Herz nicht länger quälen.
Von jetzt an wird in meinem Verstand
Nur Gottes-Wirklichkeit wachsen.
In meinem Herzen wird
Nur Gottes-Liebe wachsen.
In meinem Leben wird
Nur Gottes-Umarmung wachsen.

DIE INNERE STIMME

Ich möchte redlich sein, denn da sind jene, die mir vertrauen;
Ich möchte rein sein, denn da sind jene, die Sorge tragen;
Ich möchte stark sein, denn es gibt viel zu leiden;
Ich möchte tapfer sein, denn es gibt viel zu wagen.

Howard Arnold Walter

Um redlich, rein, stark und tapfer zu sein, brauchen wir die innere Stimme. Unsere innere Stimme ist die Wahrheits-Macht in unserer inneren Welt. Unsere äußere Stimme ist die Geld-Macht in der äußeren Welt. Der Mensch ist nicht rein genug, um die Wahrheits-Macht in seiner äußeren Welt der Wünsche und Begierden wirken zu sehen. Der Mensch hat nicht das Glück, die Geld-Macht in seiner inneren Welt der Strebsamkeit und der Bedürfnisse wirken zu sehen. Wenn die Wahrheits-Macht für die Menschheit und die Geld-Macht für die Gottheit verwendet wird, kann und wird sich das Gesicht der Erde wandeln. Die Wahrheits-Macht wird die schlummernde und unerleuchtete Menschheit aufwecken. Die Geld-Macht wird der noch unerfüllten Gottheit auf der Erde dienen und sie erfüllen.

Die innere Stimme ist der Reichtum des Herzens. Wenn ein Sucher diesen Reichtum benützt, lächelt sie seelenvoll. Wenn ein Ungläubiger und Zweifler diesen Reichtum zu benützen versucht, wird sie gnadenlos erstickt.

Die innere Stimme sagt uns, wir sollten der Welt nur in Übereinstimmung mit Gottes ausdrücklichem Willen helfen. Wenn anderweitige Hilfe geleistet wird, verwandelt sie sich später mit Bestimmtheit in ein schreckliches Unheil. Derjenige, dessen Hilfe für einen anderen von Gott inspiriert und von Gott befohlen wird, ist nicht nur göttlich großzügig, sondern auch in höchster Weise gesegnet.

Etwas Gewünschtes nach reiflichem Überlegen geben heißt einmal geben. Etwas auf Wunsch geben heißt zweimal geben.

Geben, ohne daß man danach gefragt wird, heißt dreimal geben. Etwas geben, wenn Gott will, daß wir es geben, heißt dieses Etwas für immer geben – zusammen mit unserem eigenen Körper und unserer eigenen Seele.

Wir werden das Lied der inneren Stimme nie hören, wenn wir bewußt oder unbewußt mit der Ängstlichkeit Freundschaft schließen. Was ist Ängstlichkeit? Ängstlichkeit ist der zerstörerische Atem der Armut des Lebens.

Es gibt keine größere Gunst, keinen höheren Preis, als auf die innere Stimme zu hören. Wenn wir uns willentlich weigern, auf die innere Stimme zu hören, werden uns unsere falschen Gewinne zu einem unausweichlichen Verlust führen. Wenn wir seelenvoll auf die innere Stimme hören, werden uns unsere wahren Gewinne nicht nur vor der drohenden Zerstörung schützen, sondern unsere Verwirklichung der uns selbst übersteigenden, transzendenten Wahrheit erstaunlich beschleunigen.

Ein Sucher muß erkennen, daß die innere Stimme kein Geschenk, sondern eine Errungenschaft ist. Je seelenvoller er darum ringt, umso schneller kommt er unweigerlich in ihren Besitz.

Die Aufrichtigkeit sagt dem Menschen, er könne wahrhaftig stolz sein, daß er die alles durchblickende innere Stimme habe. Die Demut sagt dem Menschen, er könne äußerst stolz sein, daß die innere Stimme die Falschheit meide, das Richtige ausführe und das Gute erfülle.

Die innere Stimme ist der unermüdliche Führer des Menschen und gleichzeitig sein wahrer Freund. Wenn jemand tief in sich geht, wird ihm die innere Stimme sagen, was er tun soll. Wenn er tiefer geht, wird ihm die innere Stimme die Fähigkeit dazu geben. Wenn er noch tiefer geht, wird ihn die innere Stimme davon überzeugen, daß er das Richtige auf die richtige Weise tut.

Es gibt ein süßes, reines und uns sehr vertrautes Wort: Gewissen. Gewissen ist ein anderer Name für die innere Stimme. Göttlich inspiriert ist Shakespeare's Ausspruch:»Ich fühle in mir einen Frieden über aller irdischen Besorgnis, ein stilles und ruhiges Gewissen.«

Das Gewissen kann an zwei Orten leben: im Herzen der

Wahrheit und im Mund der Falschheit. Wenn uns das Gewissen einmal schlägt, sollten wir merken, daß es uns seine bedingungslose Liebe zeigt. Wenn es uns zweimal schlägt, sollten wir fühlen, daß es uns seine vorbehaltlose Anteilnahme zeigt. Wenn es uns dreimal schlägt, müssen wir erkennen, daß es uns sein grenzenloses Mitleid anbietet, um uns davor zu bewahren, tief in das Meer des Unwissens zu tauchen.

Die Angst fragt: »Ist das sicher?« Der Zweifel fragt: »Ist das wahr?« Das Gewissen fragt: »Wenn nicht Gott, wer sonst? Was sonst?« Die innere Stimme ist der Tempel in uns. Die innere Stimme ist die Gottheit in uns. Die innere Stimme ist die göttliche Pflicht in uns. Die innere Stimme ist die höchste Notwendigkeit in uns.

Gott hat der inneren Stimme befohlen, der Freund von strebsamen Seelen und der Richter von unstrebsamen Seelen zu sein.

Die innere Stimme ist nicht nur beständige Beständigkeit, sondern auch vollkommene Vollkommenheit.

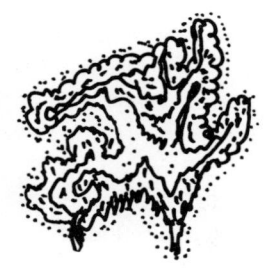

TOD

Tod, wie oft sprichst du zu Gott?
»Ich spreche ständig zu Gott.«
Kannst du mir sagen
Über was ihr beide sprecht?
»Wir sprechen über unsere Errungenschaften
   und
Unsere Enttäuschungen.
Ich erzähle Ihm über meine Errungenschaften
   auf der Erde
Und meine Enttäuschungen im Himmel.
Gott erzählt mir über Seine Errungenschaften
   im Himmel
Und Seine Enttäuschungen auf der Erde.«
Ich verstehe.
Danke, Tod.

Der sonnenerleuchtete Pfad

Im spirituellen Leben heißt der sonnenerleuchtete Pfad Ergebenheit. Dieser Pfad ist zweifellos der kürzeste Weg zur Gottverwirklichung. Es ist wahr, daß Gott und Seine Mysterien jenseits des Fassungsvermögens von Sprache und Intellekt liegen. Aber es ist ebenso wahr, daß Gott durch Ergebenheit leicht erreichbar ist. Es macht einem wahrhaftig ergebenen Schüler große Freude, wenn er fühlt: »Das alles bin ich.« Es macht ihm mehr Freude, wenn er fühlt: »Das alles bist Du.« Es macht ihm am meisten Freude, wenn er fühlt: »Du bist der Meister; ich bin nur das Instrument.«

Wer dem Pfad des Wissens folgt, sagt zu Gott: »Vater, ich will Dich.« Wer dem Pfad der Ergebenheit folgt, sagt zu Gott: »Vater, ich brauche Dich.«

Der erste sagt zu Gott: »Vater, ich besitze Dich.«

Der zweite sagt zu Gott: »Vater, Du besitzest mich.«

Ein wirklich ergebener Schüler liebt Gott von ganzem Herzen. In seinem Leben hat die Unmöglichkeit keine Bedeutung und kann nie eine Bedeutung haben.

Wie auf anderen Pfaden lernt der Schüler der Ergebenheit auf dem sonnenerleuchteten Pfad, daß es nicht darauf ankommt, *wie lange* er betet und meditiert, sondern *wie* er betet und meditiert. Wenn er aufrichtig und vorbehaltlos für das Göttliche betet und meditiert, so betet und meditiert er zehnmal auf einmal.

Wenn ein Strebender seine Reise auf dem sonnenerleuchteten Pfad antritt, sagt er zu Gott: »Vater, gib mir.« Am Ende seiner Reise sagt er: »Vater, ·empfange mich.«

Wie wir alle wissen, ist das Herz das Heim der Dankbarkeit. Eigenartigerweise bringt es die Dankbarkeit oft fertig, sich außerhalb ihres Heimes zu verstecken. Aber auf dem sonnenerleuchteten Pfad ist die seelenvolle Dankbarkeit immer sichtbar und im Herzen des Strebenden immer in Fülle vorhanden. Eigenliebe läßt den fruchtbaren Boden der Strebsamkeit verkommen und macht ihn dürr. Aber Ergebenheit zu Gott entzündet die aufsteigende Flamme der Strebsamkeit und schafft eine neue Welt für den Strebenden in Gott und eine neue Welt für Gott im Strebenden.

Ergebenheit ist die Glückseligkeit selbst. Diese Glückseligkeit ist die auf Gott gerichtete, die sich selbst darbringende Liebe. Sie sucht Ihm ständig und bedingungslos zu dienen, so daß Er im Himmel und auf Erden erfüllt werden kann.

Es gibt unzählige Leute auf der Erde, die nicht nur vorgeben zu beten, sondern auch wirklich beten. Warum erzielen sie mit ihren Gebeten praktisch kein Ergebnis? Die Antwort ist einfach und klar: Ihr Gebet ist nicht schneeweiß. Ein schneeweißes Gebet ist ein Brunnen der sich selbst erneuernden Energie, des sich selbst verwandelnden Lichtes, der sich selbst erfüllenden Wonne.

Wie jeder andere Mensch hat auch ein Sucher seine Bedürfnisse. Aber seine Bedürfnisse und Gottes Liebe und Mitleid sieht man immer zusammen. Ein wirklich ergebener Schüler hat erkannt, daß er Gott nicht nur liebt, um seine menschlichen Wünsche zu erfüllen, sondern um Gott auf Gottes eigene Weise zu erfüllen. Dem unstrebsamen Menschen wird das Leben zur Strafe, zur reinsten Qual. Einer strebenden Seele bietet jeder Augenblick Gelegenheit zur Selbsterleuchtung und Gotterfüllung. Auf dem sonnenerleuchteten Pfad der Ergebenheit weiß der Strebende, daß Gott genauso nach seinem ständigen Gefühl des bewußten Einsseins mit Ihm hungert, wie er selbst nach Gottes unendlichem Mitleid hungert. Wenn der Körper schmutzig ist, brauchen wir Seife, ihn zu reinigen. Wenn der Verstand unrein ist, brauchen wir Tränen der Reue, ihn zu reinigen. Wenn das Herz unrein ist, benötigen wir unbedingt Ergebenheit. Die Unreinheit des Herzens ist die gefährlichste Krankheit im spirituellen Leben. Ergebenheit ist die einzige Medizin. Ergebenheit ist die einzige Heilung.

Das *brahman* ist von Natur aus unteilbar, ein vollkommenes Ganzes. Aber durch *maya*, seine sich selbst begrenzende Kraft, hat es sich in unendlich viele Stücke zerbrochen. Die alles hingebende Ergebenheit des Strebenden kann ihn leicht wieder ganz, wieder göttlich vollkommen und auf erhabenste Art und Weise eins werden lassen.

ICH BRAUCHE

Ich brauche.
Ich brauche die Liebe meiner Mutter.
Ich brauche.
Ich brauche die Weisheit meines Vaters.
Ich brauche.
Ich brauche das Licht meines Meisters.
Ich brauche.
Ich brauche das Mitleid meines Gottes.
Was brauche ich noch?
Nichts, absolut nichts!

Selbsterkenntnis

Versuchen wir, uns selbst zu erkennen. Versuchen wir zu beobachten, was wir wirklich sind. Sehr oft glauben wir, wir seien bedeutungslose Geschöpfe. Wir haben nirgendwo hinzugehen, wir haben nichts zu erringen und nichts zu geben. So ungefähr kommen wir uns in unserem tagtäglichen Dasein vor. Aber was wir wirklich sind, ist völlig verschieden von dem, was wir fühlen. Wir sind alle Gottes Kinder. In jedem Augenblick flößt uns Gott etwas Göttliches oder etwas Wahres ein. Er erwartet viel von uns, aber nichts, das unsere Fähigkeiten überstiege. Er weiß, was wir Ihm bewußt anbieten können. Im jetzigen Zeitpunkt fühlen wir uns schwach, unwichtig und nutzlos. Aber in Gottes Augen sind wir göttlich, fruchtbar, unendlich.

Wir machen fortwährend Fehler. Die Wurzel unserer Fehler ist unser Körper, das Physische. Wir glauben, es gebe nichts jenseits des Physischen und gleichzeitig sei nichts im Physischen enthalten. Hier machen wir einen der größten Fehler. Wenn wir über unseren Körper hinausgehen, über unser physisches Bewußtsein hinaus, dann sehen wir unendlichen Frieden, unendliche Freude, unendliche Seligkeit und Macht, die alle sehnsüchtig auf uns warten.

Wenn wir dann tief in uns hineingehen, sehen und fühlen wir tief im Innern unseres Körpers die Seele. Diese Seele ist Gottes Bote auf Erden. Wenn wir im Einklang mit der ständigen und spontanen Musik der Seele sein können, wird unser Leben frei sein von Leiden, Elend, Frustration, Angst und Sorgen. Unser Leben wird ein ständiger Erfolg, eine ständige Errungenschaft und eine ständige Erfüllung sein, eine Erfüllung, die sowohl innerlich wie äußerlich sein kann und sein wird.

Entweder müssen wir also tief in unseren Körper hineinschreiten, in die innersten Winkel unseres Herzens, oder wir müssen über den Körper hinausschreiten, über die physische Ebene, über das physische Bewußtsein hinaus. Wir müssen unser wahres Selbst entdecken, entweder heute oder morgen oder übermorgen. Blosses Predigen ist nicht genug; Bücher studieren ist nicht genug. Wenn wir die Wahrheit, das Evangelium, die spirituelle Philosophie schon predigen, dann müssen wir predigen, was wir leben, und praktizieren, was wir sein wollen. Wir müssen praktizieren, was wir sein wollen, und falls wir predigen, dürfen wir nur predigen, was wir leben.

Gottes Schau ist der Mensch, und die Wirklichkeit des Menschen ist Gott. Der Mensch kann die Existenz Gottes in Abrede stellen. Sein Unwissen kann ihn zum Glauben verleiten, es gebe keinen Gott und kein Bedürfnis nach Gott. Aber Gottes Mitleid kann die Existenz des Menschen nie verleugnen. Gott besteht aus Mitleid, aus unendlichem Mitleid. Der Mensch besteht aus Unwissenheit. Wenn ich sage »der Mensch«, meine ich immer den menschlichen Verstand, den menschlichen Körper. Denn in Wirklichkeit stammt der Mensch von Gott ab. Gott zu verwirklichen ist das Geburtsrecht des Menschen. Göttlichkeit ist sein Erbe. Aber der Mensch ist müde, er ist frustriert, er will im Dunkeln leben. Der Mensch ist sehr oft mit seinen Begrenzungen zufrieden. Was kann Gott da tun? Wenn kein aufrichtiges Suchen da ist, kein Bemühen, kein Streben, dann muß sich Gott selbst zu diesem unerleuchteten, unwissenden menschlichen Wesen erniedrigen.

Der Mensch braucht Gott, aber er will es nicht wahrhaben. Gott braucht den Menschen, und Er ist stolz, der Welt von Seinem Bedürfnis zu erzählen. Der Mensch will natürlich alles und jedes von Gott bekommen, aber er will Gott für Seine unendliche Gnade und Sein unendliches Mitleid keinen Kredit geben. Gott jedoch zeigt Seinen Stolz auf die menschlichen Errungenschaften in aller Offenheit. Wenn wir strebsam sind, werden wir diese Wahrheit sehr bald sehen und fühlen. Gott ist immer stolz auf unsere Leistungen, auf unser Streben, auf unser Dasein.

Lassen Sie sich nicht von der Meinung beeinflussen, Gott sei seine Schöpfung mißlungen, Gott habe versagt. Gott ist nichts mißlungen. Wir glauben ständig, Gott und Gottes Schöpfung seien zwei völlig verschiedene Dinge. Wir sagen uns:»Gott ist im Himmel und wir sind auf der Erde. Gott kümmert sich nicht um uns. Oder wenn Er sich um uns kümmert, so hat Er nicht die Kraft dazu, Seine Schöpfung zu korrigieren, in Ordnung zu bringen oder zu vervollkommnen.« Was wissen wir über Gottes Vollkommenheit, über Gottes Schau, Gottes Wirklichkeit, Gottes Bewußtsein? Was suchen wir mit unseren menschlichen Augen? Wir suchen Vollkommenheit, Errungenschaft, Erfolg. In den Augen Gottes sieht all dies jedoch ganz anders aus. Der Erfolg des Menschen und der Erfolg Gottes sind nicht notwendigerweise dasselbe. Gottes Erfolg ist Erfahrung, und diese Erfahrung kann entweder die Form des Erfolgs oder des Mißerfolgs annehmen. Er gibt uns diese Arten von Erfahrung.

Wenn wir in der Seele leben, so fühlen wir, daß unsere Seele die ganze Verantwortung für uns trägt. Wenn wir im Körper leben, so sehen wir, daß unser Körper Torheit ist. Wenn wir in der Seele leben, werden wir die spontane Erfahrung der Erfüllung machen. Wenn wir aber im Körper leben, werden wir die spontane Erfahrung von Frustration und Elend machen. Unser Erfolg und unser Mißerfolg haben sehr wenig mit Gottes Weisheit, mit Gottes Erfahrung und mit Gottes Wirken in der physischen Welt zu tun. *Er* ist unser Erfolg. *Er* ist unser Mißerfolg, *Er* ist der Täter und *Er* ist die Tat. Wenn wir Gottes Anwesenheit in jeder Tat sehen können, und dann die Tat selbst und schließlich auch das Ergebnis (Erfolg oder Mißerfolg) und den Täter als Gott sehen können, dann sind alle unsere Probleme vorbei. Wir können für uns in Anspruch nehmen, Gottes Stolz zu sein. Wir sind wirklich Gottes höchster Stolz und höchste Schau, wenn wir das Geheimnis kennen, wie wir hier auf Erden und dort im Himmel leben sollen.

SCHWIERIGKEITEN

Eine Frau
Findet es schwierig,
Ihre Unsicherheit zuzugeben.
Ein Mann
Findet es schwierig,
Seine Unreinheit zuzugeben.
Die arme Erde
Findet es schwierig,
Ihre Leiden durchzustehen.
Der reiche Himmel
Findet es schwierig,
Seine Schätze zu verbergen.
Gott
Findet es unmöglich,
Sein Mitleid zu unterdrücken.

GOTT, WAHRHEIT UND LIEBE

Weil ich die Menschheit liebe, liebt Gott mich. Weil ich Gott liebe, liebt die Wahrheit mich. Weil ich die Wahrheit liebe, liebe ich wirklich und wahrhaftig mich selbst.

Warum sollte Gott mich lieben? Gott liebt mich, weil ich die Menschheit liebe. Gott liebt mich, weil ich Seine ganze Schöpfung liebe. Ich weiß und fühle, daß Gott nie von Seiner Schöpfung getrennt werden kann. Schöpfer und Schöpfung sind eins, untrennbar eins. Es gefällt dem Schöpfer und erfüllt Ihn, wenn wir Seine Schöpfung bewundern. Wenn wir selbst etwas erschaffen, etwas produzieren oder etwas bauen, so bemerken die Leute unsere Leistung und bewundern sie. Uns gefällt das, weil wir das Werk vollbracht haben. Mit dem Universum, das Gottes Schöpfung ist, verhält es sich gleich. Wenn wir das Universum lieben, lieben wir gleichzeitig Gott den Schöpfer und Gott die Schöpfung; und sowohl der Schöpfer wie die Schöpfung werden mit uns zufrieden sein.

Weil ich Gott liebe, liebt die Wahrheit mich. Die Wahrheit hat kein Dasein ohne Gott. Gott ist der eigentliche Atem der Wahrheit. Wahrheit und Gott sind eins, unteilbar eins. Auf der einen Seite ist Wahrheit ein anderer Name für Gott. Auf der anderen Seite kann die Wahrheit nicht ohne Gott existieren, während Gott die Wahrheit − irdische und himmlische Wahrheit, erdgebundene und himmelwärts strebende Wahrheit − jeden Augenblick über sie selbst hinaustragen kann. Sogar seine eigene, sich selbst transzendierende Wahrheit kann Gott nach Belieben überschreiten. Obwohl wir sicher sagen können, daß Gott und die Wahrheit eins sind, hat Gott die Macht, alle Wahrheiten, auch die Wahrheit selbst, zu transzendieren. Darum ist die Wahrheit ohne Gott hilflos. Aber wenn wir Gott lieben, liebt die Wahrheit uns, weil die Wahrheit unmittelbar von unserer strebenden Seele genährt wird. Im Inneren Gottes ist das Dasein der Wahrheit. Wenn wir Gott würdigen, wird die Wahrheit genährt und gestärkt. Und die Wahrheit fühlt richtig, daß ihre einzigartige Botschaft an die Welt nur dann verbreitet werden kann, wenn wir ihren Besitzer, Gott, aufrichtig lieben.

Weil ich die Wahrheit liebe, liebe ich mich selbst. Ein Mensch ist der Ausdruck der Wahrheit. Er ist nicht ein Ausdruck von Unwissenheit, Falschheit, Dunkelheit und Tod. Nein, er ist die Verkörperung, die Verwirklichung und der Ausdruck der Wahrheit − der niederen Wahrheit, der höheren Wahrheit und der höchsten Wahrheit. Jeden Augenblick überfließt die göttliche Wahrheit ihre Grenzen in uns. Wir sehen, fühlen und verwirklichen dies, wenn wir das innere Leben, das Leben der Seele leben.

Weil ich die Wahrheit liebe, liebe ich mich selbst wirklich und wahrlich. Mein Dasein und meine Wahrheit sind Vorder- und Rückseite derselben Münze. Die Münze selbst ist mein inneres Wesen oder meine Seele, der Vertreter des Höchsten hier auf der Erde.

Ich liebe mich selbst. Was liebe ich an mir? Nicht meinen Körper. Wenn ich meinen Körper um des Körpers willen liebe, werde ich morgen frustriert sein, denn es gibt Millionen von Menschen auf der Erde, die schöner sind als ich. Ich werde mich natürlich jämmerlich fühlen. Wenn ich meinen physischen Verstand um des Verstandes willen liebe, werde ich morgen Millionen von intellektuellen Riesen vor mir sehen, und meine intellektuellen Fähigkeiten werden zur Bedeutungslosigkeit verblassen. Wenn ich meine vitale Dynamik um der vitalen Dynamik willen liebe, dann werde ich sehen, daß es Millionen von Leuten gibt, die förmlich von Dynamik überschwemmt sind. Auch wenn ich sonst irgendetwas von mir um seinetwillen liebe, liefere ich mich der Frustration aus. Ich werde mich um meinen eigenen göttlichen Lebenssinn bringen. Aber wenn ich mich selbst darum liebe, weil sich Gott durch diesen Körper, diese Lebenskraft des Körpers, diesen Verstand und dieses Herz ausdrückt, dann sehe ich, daß ich in der ganzen Geschichte des Universums einzigartig und unvergleichlich bin, weil Gott keinen weiteren Chinmoy mit denselben Fähigkeiten, demselben Verständnis und denselben Erfahrungen erschaffen wird.

Jeder einzelne kann sich selbst einfach darum lieben, weil er ein direkter Kanal des Göttlichen ist. Gott will sich in jedem einzelnen auf eine einzigartige Weise ausdrücken. Wenn wir uns bewußt und vollständig mit Gott vereinen, erfüllen wir nicht nur Ihn, sondern auch uns selbst. Wenn ich sage, ich liebe mich wirklich und wahrhaftig, weil ich die Wahrheit liebe, so bedeutet das, daß ich bewußt fühle, daß die Wahrheit ununterbrochen in mir, mit mir und für mich atmet.

Mein irdischer Atem ist die lebende Wirklichkeit der Wahrheit. Ich liebe und verehre mich jeden Augenblick – nicht wegen meines gesunden Körpers, meiner dynamischen Lebenskraft, meines brillanten Verstandes und reinen Herzens – sondern weil Gott in mir ist, weil Gott mich benützt und weil Gott sich in mir und durch mich erfüllt. Dies ist der alleinige Grund, weshalb ich meinen Körper, meine Lebenskraft, meinen Verstand und mein Herz liebe und lieben muß. Jeder Mensch muß von dieser erhabenen Wahrheit durchtränkt werden. Er sollte bewußt fühlen, daß sein Leben auf der Erde die äußere Manifestation des inneren Atems von Gott selbst ist.

O erhabener Herr, ich bin Deine glühende Gnade.
Ich bin Dein goldener Pflug.
Ich bin der Flugdrache Deiner Schau.

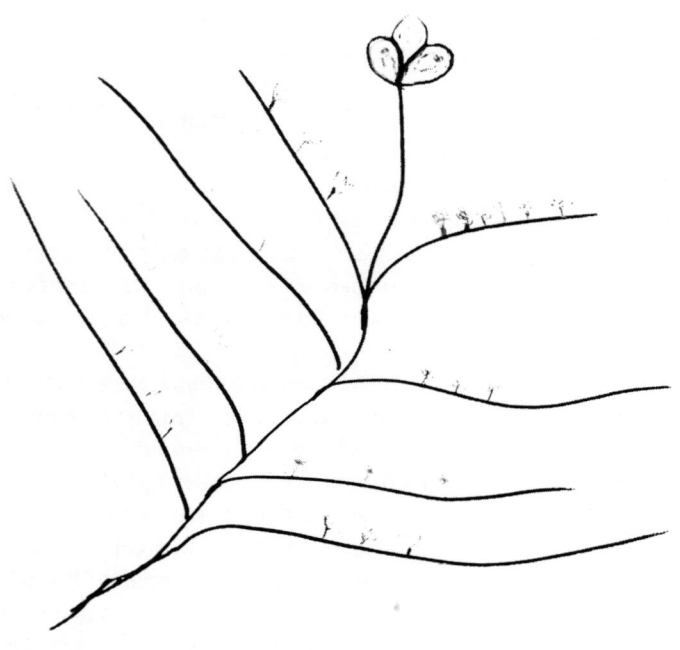

SIE SIND EINS

Wahrheit und Gott sind eins
Gott und Liebe sind eins
Liebe und Leben sind eins
Leben und Schrei sind eins
Schrei und Höhe sind eins
Höhe und Fortschritt sind eins
Fortschritt und Wonne sind eins
Wonne und Vollkommenheit sind eins.

AUFRICHTIGKEIT, REINHEIT UND SICHERHEIT

Laßt uns aufrichtig sein. Gott wird uns segnen.
Laßt uns rein sein. Gott wird uns lieben.
Laßt uns unseres Zieles sicher sein. Gott wird uns umarmen.

»Laßt uns aufrichtig sein. Gott wird uns segnen.«

Ein Sucher muß bis zum letzten Atemzug aufrichtig sein, und zwar nicht nur in seinem inneren Leben, sondern auch in seinem äußeren Leben. Aufrichtigkeit ist der fruchtbare Boden im Herzen des Strebenden. Aufrichtigkeit ist Gottes beispielloses Lächeln. Aufrichtigkeit ist Gottes unvergleichlicher Stolz.

Aufrichtigkeit kann entwickelt werden. Sie kann entwickelt werden wie ein Muskel. Es gibt Leute, die von Natur aus aufrichtig sind, und andere, die von Natur aus unaufrichtig sind. Gesegnet sind jene, die seit der Morgendämmerung ihres Lebens aufrichtig waren. Aber jene, die von Geburt an unaufrichtig sind, brauchen und sollten sich nicht bestrafen. Sie *können* aufrichtig sein, wenn sie wollen. Von dem Moment an, wo sie wirklich aufrichtig sein wollen, wird ihnen Gott in Seinem unendlichen Mitleid helfen. Er wird ihnen mit Seinem größten Stolz, seiner größten Freude und Anteilnahme helfen.

Spiritualität braucht und verlangt Aufrichtigkeit vom Anfang bis zum Ende. Spiritualität und Aufrichtigkeit können nie getrennt werden. Wenn einem das spirituelle Leben wirklich ernst ist, wenn man glaubt, Spiritualität sei die einzige Antwort, dann ist Aufrichtigkeit der Schlüssel, der die Türe zur Spiritualität öffnet. Es gibt keinen anderen Schlüssel; es kann keinen anderen Schlüssel geben.

»Laßt uns rein sein. Gott wird uns lieben.«

Wenn es im inneren oder äußeren Leben des Strebenden keine Reinheit gibt, dann ist der Strebende nicht besser als ein Tier. Ohne Reinheit kann er keines der spirituellen Geschenke behalten, die er erhält. Alles wird verschwinden und alles wird enttäuschen, wenn es ihm an Reinheit fehlt. Aber wenn er von Reinheit durchdrungen ist, werden die göttlichen Eigenschaften schließlich alle in ihn einziehen. Sie werden in ihm singen, in ihm tanzen und aus ihm den glücklichsten Menschen auf Erden machen. Und indem sie ihn glücklich machen, werden diese göttlichen Eigenschaften ihre eigene wahre Erfüllung finden.

Reinheit im Physischen ist von größter Bedeutung. Das heißt nicht, daß wir am Tag zehnmal baden müssen. Nein, das ist nicht Reinheit. Reinheit verlangt zwar, daß wir einen sauberen Körper haben, aber wahre physische Reinheit liegt im Herzen. Wir müssen in unserem Herzen einen inneren Altar errichten. Dieser Altar ist die ständige Erinnerung an den höchsten Piloten in uns. Wenn wir ständig und spontan an den höchsten Piloten denken, der in uns, im tiefsten Innern unseres Herzens wohnt, dann werden wir erkennen, daß dies die höchste Reinheit ist. Wenn es im Physischen an Reinheit fehlt, kann kein voller Erfolg, keine volle Manifestation von Gott erzielt werden. Wir können vielleicht einen teilweisen spirituellen Erfolg verzeichnen, aber selbst dieser teilweise Erfolg im Leben wird uns schwer enttäuschen, wenn die Reinheit in unserer Natur nicht gefestigt ist. Wir müssen Reinheit im Physischen festigen, in der menschlichen Lebenskraft, im Verstand – überall in der äußeren Natur. Dann wird alles, was wir tun, was wir sind und was wir besitzen, von Reinheit erfüllt sein. Reinheit ist nichts Schwaches oder Negatives; sie ist etwas Seelenvolles und Dynamisches. Sie ist etwas, das ständig von der unendlichen Energie und vom unbeugsamen, diamantenen Willen des Höchsten genährt wird.

Das bloße Wiederholen des Wortes »Reinheit« kann dabei behilflich sein, das innere und äußere Leben des Suchers zu verändern. Wiederholen Sie das Wort »Reinheit« einhundertundachtmal täglich und legen Sie dabei Ihre rechte Hand auf den Nabel. Dann werden Sie sehen, daß ein Schwall von Reinheit in Sie eindringen und Sie überfluten wird. Wenn Sie rein sind, werden Sie die Welt mit anderen Augen sehen. Sie werden sehen, wie schnell die Reinheit in der Welt Fuß faßt. Sie werden sehen, wie schnell die Schönheit in der Welt aufblüht. Sie werden sehen, wie rasch die Vollkommenheit in der Welt wächst.

Süß, süßer, am süßesten ist Reinheit. Wenn Sie Reinheit in sich sehen, sind Sie rein. Wenn Sie Reinheit in sich und um sich herum fühlen, sind Sie reiner. Wenn Sie im Innern und im Äußern zur Reinheit werden, sind Sie am reinsten. Sie erwürgen Ihr inneres Wesen geradezu, wenn Sie ein unreines Leben führen. Aber wenn Sie ein reines Leben führen, beschleunigen Sie die Reise Ihrer Seele. Ihre Seele und Ihr äußeres Leben erhalten ihre größte Gelegenheit, wenn die Reinheit in Ihrem Leben völlig gefestigt ist.

»Laßt uns unseres Zieles sicher sein. Gott wird uns umarmen.«

Der Unterschied zwischen einem gewöhnlichen und einem strebenden Menschen besteht darin, daß ein gewöhnlicher Mensch kein Ziel hat, während Strebende eines haben. Ein gewöhnlicher Mensch ist zufrieden mit dem, was er besitzt. Für ihn liegt die Idee, er könnte ins Jenseits eindringen, jenseits seines Vorstellungsvermögens. Vielleicht glaubt er gar, es gebe überhaupt kein Jenseits. Er ist von dem gefangen, was er in seiner Umgebung sieht. Wer jedoch strebt, spürt und glaubt, daß diese Welt nicht das letzte Ziel ist; der glaubt auch, daß es irgendwo ein Ziel geben muß, und er weiß, daß dieses Ziel entweder zu ihm kommen wird, oder er zu ihm gehen muß. Das Ziel kann Gottverwirklichung sein; es kann auch etwas anderes sein. Wenn es Gottverwirklichung ist, und wenn sein Streben aufrichtig ist, dann sollte er wissen, daß dieses Ziel etwas äußerst Wichtiges, ja Heiliges ist. Es ist kein Spielzeug.

Ein Strebender muß sich seines Zieles sicher sein. Er will vielleicht Gott oder eine Eigenschaft von Gott. Gewisse Sucher schreien zu Gott um Macht, um Liebe oder um Frieden. Sie schreien nicht um Gott selbst. Sie wollen nur einen Teil von Ihm. Sie sind zufrieden, wenn sie von Gott Frieden oder Licht oder Liebe erhalten können. Wenn sie erhalten, wonach sie gerufen haben, beenden sie die Reise ihrer Seele. Aber es gibt Sucher, die nichts von Gott wollen außer Ihn selbst. Sie fühlen, daß sie alles erhalten, wenn sie Gott erhalten. Sie sind wie hungrige Kinder in einem Garten, in dem ein Baum mit köstlichsten Mangos steht. Sie wissen, daß sie alle Mangos des Baumes erhalten werden, wenn sie dem Besitzer des Baumes gefallen können. Hier ist Gott der Besitzer des Baumes und gleichzeitig ist Er der Baum. Wenn wir Ihm gefallen, sättigt Er unseren Hunger nach unendlichem Licht, Frieden und Glückseligkeit. Wenn die Sucher weise sind, wissen sie, daß sie in dem Augenblick alles von Gott bekommen werden, in dem sie Ihm gefallen.

Aus seiner aufrichtigen Strebsamkeit heraus sagt ein echter Sucher:»Oh Gott, wenn Du meinst, daß ich Deine Schau haben sollte, wenn Du fühlst, daß Du Dich selbst in mir und durch mich erfüllen willst, wenn Du glaubst, daß Du mich als Dein Instrument benützen kannst, stehe ich Dir zu Diensten. Wenn Du willst, daß ich vor Dir stehe, werde ich kommen und vor Dir stehen. Wenn Du vor mir stehen willst, werde ich ebenso glücklich sein. Wenn Du willst, daß statt mir jemand anders vor Dir stehen soll, werde ich ebenfalls glücklich sein.« Dies nennen wir Selbsthingabe. Dies ist die letzte Selbsthingabe.

Ein Strebender muß sein Ziel kennen. Wenn sein Ziel Gottverwirklichung ist, kann er mit dieser Absicht beginnen. Aber das letzte Ziel ist bedingungslose Selbsthingabe an den Willen Gottes. Wenn Gott sieht, daß Sein Kind, Sein ergebenstes Kind, sich bedingungslos hingegeben hat – nicht für eine Sekunde, nicht für einen Tag oder ein Jahr, sondern ein ganzes Leben lang, für alle kommenden Inkarnationen, für alle Ewigkeit – dann allein umarmt Gott Sein liebstes, Sein süßestes, Sein ergebenstes Kind. Und wenn diese Umarmung stattfindet, verwandelt sich der Mensch in Gott selbst.

Uns allen ist ohne Ausnahme die Gelegenheit gegeben, Gott hier auf der Erde zu erfüllen. Wenn wir es versuchen, wird es uns gelingen. Wir *können* Gott erfüllen, und indem wir Ihn erfüllen, werden wir sehen, daß wir bereits erfüllt sind.

MEINE UNSTERBLICHKEIT

Meine Schönheit
Ist unsterblich im Himmel.
Meine Pflicht
Ist unsterblich auf der Erde.
Meine Strebsamkeit
Ist unsterblich im Leben.
Meine Selbsthingabe
Ist unsterblich in Gott.

WILLENSKRAFT UND SIEGESKRONE

Führe mich vom Unwirklichen zum Wirklichen.
Führe mich vom Dunkel zum Licht.
Führe mich vom Tod zur Unsterblichkeit.

Brihadaranyaka Upanishade

Willenskraft. Was ist Willenskraft? Willenskraft ist der bewußte innere Drang des Menschen, in das Herz der Unendlichkeit, der Ewigkeit und der Unsterblichkeit einzudringen. Ein ergebenes Leben führen heißt ein bewußtes Kind von Gottes Willen sein. In einem strebsamen Leben sind zwei Dinge von entscheidender Bedeutung: Willenskraft und Gebet.

Gebet ist weiblich. Willenskraft ist männlich. Aber beide, Gebet und Willenskraft, sind ungemein wirksam und beide können dasselbe Ergebnis herbeiführen.

Willenskraft ist eine Wirklichkeit im Universum, die sich ewig weiterentwickelt und sich selbst manifestiert. Zeitweise finden wir Sterbliche es schwierig, unser Wollen von unserem Wünschen zu trennen. Wir wollen unser Ziel mit entschiedener persönlicher Anstrengung erreichen, unterstützt und geleitet von Gottes liebender Gnade. Wenn wir etwas erreichen *wollen*, bezahlen wir stets den Preis; wenn wir jedoch etwas zu erreichen *wünschen*, bezahlen wir den Preis oft nicht: wir wünschen nur. Beim Wünschen gibt es keine bewußte Anstrengung, und darum können wir kaum einen Erfolg erwarten.

Menschliche Willenskraft und göttliche Willenskraft. Menschliche Willenskraft ist wie ein morscher Ast, der jeden Moment brechen kann. Göttliche Willenskraft ist die strebende Menschheit in uns, die sich zum all-erfüllenden Jenseits entwickelt.

Die Siegeskrone. Worin liegt der größte Sieg? Der größte Sieg liegt in der Selbst-Entdeckung. *Atmanam viddhi:* Erkenne dich selbst. Es kann keinen größeren Sieg geben, als sich selbst zu erkennen. Der wirkliche Sieg ist erst dann errungen, wenn man mit seinem inneren Piloten bewußt und untrennbar eins geworden ist.

Gottes Lächeln ist die Siegeskrone des Menschen. Und ewige Strebsamkeit ist der Stolz des ewigen Sieges. Ohne Strebsamkeit gibt es keine Verwirklichung, ohne Verwirklichung keine Enthüllung, und ohne Enthüllung keine Manifestation der göttlichen Wahrheit auf der Erde.

Sie wollen auf der Erde leben, weil Sie unzählige Wünsche haben. Sie glauben, es gebe auf der Erde vieles, das Sie zustandebringen müßten. Aber ohne Gott können sie nicht und werden sie nicht in Erfüllung gehen.

Wenn Sie versuchen, sich selbst zu entdecken, wenn Sie erfahren wollen, was Sie wirklich sind, dämmert Gottes unendliche Freigiebigkeit über Ihnen. Durch Ihre Selbst-Entdeckung können Sie Gottes Allwissenheit, Allmacht und Allgegenwart hier auf der Erde enthüllen. Hier auf der Erde und nirgendwo sonst können und werden Gottverwirklichung und Gottmanifestation stattfinden.

Um voller Willenskraft zu sein, brauchen wir Konzentration, Meditation und Kontemplation. Wir müssen wissen, wie wir uns konzentrieren können. Wenn unsere Konzentration vollkommen ist, müssen wir zur Meditation übergehen. Wenn unsere Meditation vollkommen ist, müssen wir in die Kontemplation eintreten.

Wie können wir lernen, uns zu konzentrieren? Durch bloßes Bücherlesen? Nein, das ist unmöglich. Bücher geben uns Inspiration, mehr nicht. Um das Geheimnis der Konzentration zu erlernen, muß man zu einem spirituellen Lehrer gehen. Sie müssen an die Universität kommen, um zu lernen, um Ihr Wissen zu erweitern. Ebenso muß das innere Wissen von jemandem unterrichtet werden. Sicher, der Schatz ist in Ihnen, aber jemand muß Ihnen zeigen, wo der Schatz ist und wo Ihr Schlüssel liegt. Sie kommen in die Schule, um zu lernen, und für jedes Fach haben Sie einen anderen Lehrer. Aber im spirituellen Leben gibt es nur ein Fach, und dieses Fach heißt Selbstverwirklichung. Und *ein* wirklicher Lehrer ist mehr als genug, Sie zu lehren, zu führen, zu erleuchten und zu erfüllen.

Meditation. Auch meditieren muß man unter kundiger Führung lernen, besonders am Anfang, in der Morgendämmerung seiner Reise. Sie kommen hier an die Universität um zu studieren. Aber wenn Sie Ihren Abschluß erhalten haben, werden Sie nicht mehr kommen. Wenn Sie selbst Gott verwirklicht haben, oder wenn Sie in Ihrer Meditation weit fortgeschritten sind, dann brauchen Sie keinen Lehrer mehr. Aber erst dann, nicht vorher.

Dann kommt Kontemplation, die letzte Sprosse auf der spirituellen Leiter. Man kann auf den persönlichen Gott oder auf den unpersönlichen Gott kontemplieren. Es ist immer einfacher, sicherer und erfüllender, zuerst zum persönlichen Gott zu gehen und durch Ihn zum unpersönlichen Gott zu gelangen.

Willenskraft und die Siegeskrone. Das spirituelle Leben braucht nur eines: Strebsamkeit. Es ist die ständige Strebsamkeit unseres Herzens, die die Willenskraft und die Siegeskrone an den Tag bringt.

Laßt uns alle streben. Die strebsame Seele, das erfüllende Ziel ist unser – hier und jetzt, in der Unmittelbarkeit von heute.

VERWIRKLICHUNG

Was ist
Verwirklichung?
Nichts anderes als Illusion.
Für wen?
Für denjenigen, der die Welt beherrschen will.
Was ist
Verwirklichung?
Nichts anderes als Erfüllung.
Für wen?
Für denjenigen, der der Welt dienen will.

Die innere Armut

Was irdische Armut ist, wissen Sie alle. Ich möchte hier die Armut vom spirituellen Standpunkt her betrachten.

Armut ist ein sehr kompliziertes Wort. Armut ist nicht die Reinheit des Körpers. Armut ist nicht die Klarheit des Verstandes. Armut ist nicht die Spiritualität des Herzens. Armut ist nicht die Wirklichkeit der Seele. Die Reinheit des Körpers ist Licht. Die Klarheit des Verstandes ist Weite. Die Spiritualität des Herzens ist Höhe. Die Wirklichkeit der Seele ist Wonne.

Im physischen Leben ist Armut die Abwesenheit von bewußter Anstrengung. Im spirituellen Leben ist Armut die Abwesenheit von spontaner Selbsthingabe an Gottes Willen. Anstrengung im physischen Leben sagt einem Menschen, was er tun und was er letztlich für sich selbst erringen kann. Selbsthingabe im spirituellen Leben sagt dem Strebenden, was Gott für ihn getan hat, tut und tun wird.

Armut ist keine Schande. Im Licht der Vollkommenheit ist Armut kein Laster, keineswegs. Sie ist nur eine Beschränkung. Armut ist keine Krankheit; sie ist ein Hindernis. Dieses Hindernis kann leicht überwunden werden.

Was ist Armut? Armut ist Elend. Was ist Elend? Emotionales Elend ist das Ergebnis der Wünsche des Verstandes. Es gibt auch physisches Elend, verursacht von angespannten Nerven. Wenn man keinen Glauben an sich hat, so ist dies der Anfang des Elends. Wenn man den Glauben an seinen Meister verliert, verfällt man dem giftigen Atem des Elends.

Armut bedeutet in unserem spirituellen Leben nicht Mangel an Geld oder materiellem Reichtum. Armut in unserem spirituellen Leben bedeutet die Abwesenheit eines bewußten Schreis nach Gott. Ein Mensch wird nur dann von Armut heimgesucht, wenn er keine Minute für Gott erübrigen kann. Wer nicht einmal eine flüchtige Minute für Gott aufbringen kann, ist in der inneren Welt wirklich arm. Ein Sucher ist jedoch wirklich reich, wenn er fühlt, daß sein ganzes Leben für Gott ist. Er ist reicher, wenn er sieht, daß sein Atem von Gott ist. Er ist der reichste Mensch auf Erden, wenn er entdeckt, daß er und Gott einander brauchen, einander lieben und ewig stolz sind aufeinander. Diese Entdeckung kann er nur machen, wenn er in der Seele lebt. Seine Seele fördert aus den innersten Tiefen seines Herzens ständig Wirklichkeit zutage und stellt die Wirklichkeit direkt vor ihn hin. Seine Seele läßt ihn fühlen, daß er und Gott untrennbar eins sind. Gott braucht ihn, um Seine unendlichen Möglichkeiten und Fähigkeiten auf der Erde zu manifestieren, und er braucht Gott, um die höchste Wahrheit des Jenseits zu verwirklichen.

Kein Mensch, kein Sucher ist je arm oder kann je arm sein, wenn er in der Seele lebt. Die Seele ist Fülle, die Seele ist Unendlichkeit. Wenn der Sucher in der Seele lebt, ist er reine Strebsamkeit, reine Verwirklichung und reine Vollkommenheit.

Das Leben eines strebenden Menschen ist von Licht durchströmt. Das Licht in seinem Körper ist seine Schönheit. Das Licht in seiner Lebenskraft ist seine Fähigkeit. Das Licht in seinem Verstand ist seine Herrlichkeit. Das Licht in seinem Herzen ist sein Sieg.

VI
Bewusstsein

DAS BEWUSSTSEIN DES KÖRPERS

Wenn wir im Körper leben, ist oft alles eine große Verwirrung. Wenn wir in der Seele leben, ist alles Erleuchtung. Der Körper ist noch unerleuchtet, unentwickelt und auch nicht sehr fortschrittlich. Deshalb herrscht überall Verwirrung. Wir sollten dem physischen Körper nie verhaftet sein. Ebenso sollten wir den physischen Körper nie verachten. Wenn wir dem Körper verhaftet sind, werden wir unweigerlich von den Fesseln des Unwissens gebunden, und wir verlieren uns im Schlamm der Knechtschaft. Wenn wir den Körper, das physische Bewußtsein verachten, werden wir hier auf der Erde nie voll und ganz erfüllt. Es ist hier auf der Erde, wo wir die Wahrheit verwirklichen, die Wahrheit erfüllen und die Wahrheit manifestieren müssen.

Wenn das physische Bewußtsein versucht, die Wahrheit zu sehen, sieht es die Wahrheit gewöhnlich mit großer Furcht, voller Angst und Zittern. Wenn die menschliche Lebenskraft versucht, sich der Wahrheit zu nähern, will sie die Wahrheit gewaltsam sehen, ganz gleich wie, erbarmungslos, ohne Geduld. Wenn der Verstand die Wahrheit sehen will, betrachtet er sie voller Verdacht, Zweifel, innerem Aufruhr, Ängstlichkeit und Sorge. Und wenn das Herz die Wahrheit sehen will, sieht es sie oft mit Freude, Wonne und seelenvollem Gebet.

Als Individuum bin ich stolz auf diesen physischen Körper. Alles, was ich habe und was ich bin, ist mein Körper. Der Körper ist das einzige, was ich der ganzen Welt vorzuzeigen habe. Wenn ich glaube, mein Körper sei das einzige, was ich bin, so bin ich meilenweit von meiner Verwirklichung, geschweige denn von der

Enthüllung meiner Selbst entfernt. Wenn der Körper das einzige ist, was ich mein eigen nennen kann, so gehören auch Versuchung, Sinnes-Vergnügen, Frustration und Zerstörung zu mir.

Erst wenn ich sagen kann, die Seele gehöre mir, erst wenn ich eins, untrennbar eins mit der Existenz meiner Seele werde, kann ich den Zweck meines Lebens, das Ziel meines Lebens sehen: Warum ich hierher gekommen bin, wie notwendig ich für Gott bin und welche Arbeit Er auf der Erde durch mich tun wird. Wenn ich auf der Erde lebe, so nicht deshalb, weil andere hier leben. Viele Leute leben auf der Erde. Ich lebe nur deshalb auf der Erde, weil ich hier ein besonderes Ziel, eine Mission zu erfüllen habe. Jeder Mensch sollte fühlen, daß er oder sie etwas Besonderes anzubieten hat und diese Botschaft muß direkt von der Seele kommen und in das physische Bewußtsein eindringen.

Als Individuum, als unerleuchtetes Individuum, prahle ich, rühme ich mich und sage: »Ich besitze ungeheure Kraft.« Doch wenn mich eine unbedeutende Ameise beißt, ärgere ich mich und rege ich mich auf. Wenn mich eine südindische Mücke sticht, werde ich gleich zu einem rasenden Irren. Eine einzige Mücke hat mein inneres Gleichgewicht gestört. Ich habe die Kraft, Hunderte und Tausende von Mücken zu zerstören. Aber wenn ich von einer Mücke gestochen werde, bin ich völlig verloren. Eine einzige Mücke hat meinem Körper sein ganzes Gleichgewicht und seine ganze innere Kraft geraubt; von einer winzigen Mücke oder Ameise werde ich besiegt. Warum? Weil ich im Körper lebe.

Wenn ich in der Seele lebe, wenn sich mein Bewußtsein mit der Seele, der Quelle von Licht und Wonne völlig vereint, dann können mich Mücken stechen und Ameisen zwicken, die ganze Welt kann mich wie eine giftige Schlange beißen – aber ich werde mich nicht stören lassen. Ich werde im Meer der Ruhe und der Stille verweilen.

Normalerweise kämpfen der Körper, die menschliche Lebenskraft und der Verstand miteinander. Sie streiten, sie kämpfen und hören nie aufeinander. Aber wenn die Seele sie darum bittet, etwas zu tun, vereinigen sie sich sofort und lehnen das Angebot, das göttliche Angebot der Seele einmütig ab. Wenn die Seele – jedem einzeln oder allen gemeinsam – Licht anbieten will, inneres Licht, so werden Körper, menschliche Lebenskraft und Verstand für diesen einen Augenblick unzertrennlich. Geschlossen weisen sie das Licht der Seele ab. Durch ihre Unwissenheit verneinen sie spirituell gesehen ihre eigenen inneren Möglichkeiten. *Atmanam rathinam viddhi shariram rathameya tu.* In der Katha Upanishade, einer der erhabensten und bekanntesten Upanishaden, lernen wir, daß die Seele der Herr ist, der Körper der Kriegswagen, der Intellekt – oder vielleicht sollten wir eher sagen, die Fähigkeit zu begründen – der Wagenlenker und der Verstand die Zügel. Nun, wir brauchen einen Wagen, wir brauchen einen Wagenlenker und wir brauchen einen Herrn. Wir brauchen sicher ein Pferd, die dynamische Energie des Gefährts, aber wir brauchen auch die Zügel, um das Pferd zu kontrollieren, was wir mit Hilfe des Verstandes tun. Alle diese Teile brauchen wir, um unsere Reise zu beenden und zu erfüllen.

Wenn wir nicht ins spirituelle Leben eintreten, wenn wir dem inneren Leben keine Beachtung schenken, dann kann sich der Körper nicht anders als ein verrückter Elefant benehmen, der alles um uns niedertrampelt. Derselbe Körper jedoch will in Wirklichkeit seine Vorgesetzten, das Herz und die Seele, respektieren. Er will ein vollkommenes Instrument sein. Das bewußte Einssein mit etwas Höherem allein kann den Körper fühlen lassen, wofür er wirklich da ist, wieviel von seiner inneren Fähigkeit er in der äußeren Welt der Manifestation anwenden kann. Entweder schenken wir dem Körper zuviel Beachtung oder wir schenken ihm überhaupt keine Beachtung. Hier begehen wir einen großen Fehler. Wenn wir den Körper nur zur Sinnes-Freude gebrauchen, nur um zu gelüsten und zu genießen, dann mißbrauchen wir den Körper. Wir schenken der Seele keine Beachtung. An dieser Stelle können wir uns den großen spirituellen Meister und Yogi Ramana Maharshi in Erinnerung rufen: »Warum schenkst du dem Körper soviel Aufmerksamkeit? Betrachte ihn als ein Bananenblatt. Du ißt dein Mahl, das auf dem Bananenblatt angerichtet ist, und wenn du gegessen hast, wirfst du das Bananenblatt einfach weg. Es hat seine Rolle gespielt.« Wenn wir die Wahrheit jedoch von einer anderen Seite her betrachten, sehen wir, daß wir uns dem Körper zwar nicht verhaftet fühlen, wenn wir ihn ohne weiteres wegwerfen und ihm keine Beachtung schenken; doch wie kann die Manifestation hier auf der Erde stattfinden, wenn wir den Körper nur als Hülle der Seele betrachten und wie ein Bananenblatt wegwerfen? Die höchste Wahrheit kann nur hier auf der Erde verwirklicht werden. Gottentdeckung und Selbstverwirklichung können ausschließlich hier auf der Erde stattfinden. Die Seele befindet sich im Körper. Das Licht der Seele muß zum Vorschein kommen und mein dunkles, unerleuchtetes und ungöttliches Bewußtsein erleuchten. Erst wenn mein äußeres Bewußtsein erleuchtet ist, verschwindet der Unterschied zwischen innen und außen. Gegenwärtig besteht eine gähnende Kluft zwischen meiner inneren Verwirklichung und Erleuchtung und meiner äußeren Manifestation. Wir bleiben solange unvollendet, bis die innere Verwirklichung und die Manifestation im äußeren Leben zusammenpassen. Wir betrachten deshalb den Körper am besten als die Welt der Manifestation und die Seele als die Welt der Verwirklichung. Zuerst müssen wir verwirklichen, dann müssen wir manifestieren. Was können wir manifestieren, wenn wir die Wahrheit nicht verwirklicht haben? Und die Wahrheit ist ebenfalls unvollendet, wenn wir etwas verwirklicht haben, es jedoch nicht manifestieren können.

Jeder Sucher, jeder Strebende weiß, daß es zwei Arten von Bewußtsein gibt: das endliche und das unendliche. Zur Zeit lebt der Körper im endlichen Bewußtsein, oder man kann auch sagen: der Körper stellt das endliche Bewußtsein dar. Die innere Göttlichkeit – oder wir können auch sagen: die Seele – stellt das unendliche Bewußtsein dar. Hier im Endlichen muß das Unendliche seine Rolle spielen. Im Äußeren sehen wir das Lied der Endlichkeit. Wir werden und wachsen aber in das Lied der Unendlichkeit.

Entweder muß das Endliche in das Unendliche eintreten oder das Unendliche muß in das Endliche eintreten. Was ist leichter: wenn der Vater zum Kind kommt oder wenn das Kind zum Vater geht? Zweifellos kann der Vater viel leichter zum Kind gelangen. Aber wann kommt der Vater zum Kind? Nur wenn das Kind schreit, wenn es danach schreit, beim Vater sein zu dürfen.

Zum Abschluß seien einige Zeilen vom größten Dichter Indiens zitiert. Rabindranath Tagore sang: *»Simar majhe nashibo . . .«*

Im Schoße des Endlichen spielst Du Deine Melodie,
o Unendlichkeit.
Die Melodie hat mich entzückt.
Ihre Schönheit ist unvergleichlich.
In mir und durch mich manifestierst Du Deine Unendlich-
keit.
Darum bist Du All-Schönheit. Du benützt das Endliche,
um Deine Schönheit auszudrücken. Du bist All-Schönheit,
Du bist All-Freude, All-Nektar, All-Wonne.

WAS IST BEWUSSTSEIN?

Bewußtsein ist unser eigentlicher Lehrer, unser lieber Freund und unser sicherer Sklave. Als Sklave trägt das Bewußtsein unsere wuchernde Unwissenheit zu Gott. Als Freund bringt uns das Bewußtsein das erhabene Wissen bei. Als Lehrer enthüllt uns das Bewußtsein die unleugbare Wahrheit, daß der unvollkommene und unerfüllte Mensch von heute der vollkommene und erfüllte Gott von morgen ist.

Das Bewußtsein singt. Es singt das Lied vom universellen Einssein. Das Bewußtsein spielt. Es spielt das Spiel der kosmischen Manifestation. Das Bewußtsein tanzt. Es tanzt im Innern mit Gottes erfüllender Schau und im Äußern mit Gottes erfüllter Wirklichkeit. Das Bewußtsein wirkt. Es wirkt durch das schreiende, aufsteigende und sich überantwortende Streben des Menschen und durch Gottes herabsteigendes, beschützendes und erleuchtendes Mitleid.

Wenn das Bewußtsein ganz im Handeln aufgeht, verbeugt es sich vor Gott der Mutter, seiner Quelle. Wenn das Bewußtsein ganz im Schweigen ruht, verbeugt es sich vor Gott dem Vater, seiner Quelle. Von der Mutter erhält es die mächtigste Kraft, um für die unbewußte Erde das größte Opfer auf sich zu nehmen. Vom Vater erhält es das höchste Licht, um die unerleuchtete Erde zu erleuchten. Das Bewußtsein selbst ist zugleich Licht und Kraft. Als Licht identifiziert es sich mit der reinen Inspiration und der tiefen Strebsamkeit unserer inneren Welt. Als Kraft übt es seine göttliche Vorherrschaft über die dunkelste Knechtschaft und die wildeste Unwissenheit unserer äußeren Welt aus.

Das Bewußtsein, das der unstrebsame Körper benützt, ist das hoffnungsvolle Bewußtsein. Das Bewußtsein, das die unnachgiebige Lebenskraft benützt, ist das schmerzhafte Bewußtsein. Das Bewußtsein, das der kompromißlose Verstand benützt, ist das zweifelnde Bewußtsein. Das Bewußtsein, das das aufdeckende Herz benützt, ist das wahrheitserfüllte Bewußtsein. Das Bewußtsein, das die uneingeschränkte Seele benützt, ist das fruchtbare Bewußtsein.

Aum Anandamayee Chaitanyamayee Satyamayee Parame . . .
O erhabene Mutter der Existenz-Bewußtseins-Wonne: »Dieses dreifache Bewußtsein ist die längste Länge, die weiteste Weite und die tiefste Tiefe. Die längste Länge ist Unendlichkeit. Die weiteste Weite ist Ewigkeit. Die tiefste Tiefe ist Unsterblichkeit. Wenn das Bewußtsein in der Existenz lebt, empfängt die Menschheit ergeben, was die Gottheit seelenvoll anbietet. Wenn das Bewußtsein in seinem eigenen Bereich lebt, teilen überraschenderweise Menschheit und Gottheit voller Liebe ihrer Erfahrungen. Wenn das Bewußtsein in der Wonne lebt, wird die Menschheit verwirklicht und verwandelt und die Gottheit manifestiert und erfüllt.

Blind ist, wer das Bewußtseins-Licht nicht sieht. Taub ist, wer dem Bewußseins-Recht nicht gehorcht. Arm ist, wer die Bewußtseins-Frucht nicht essen kann. Töricht ist, wer die Existenz des Bewußtseins-Meeres verneint.

Wer nicht strebt, glaubt, Unsterblichkeit sei eine Unmöglichkeit. Wer strebt, empfindet Unsterblichkeit als eine sichere Möglichkeit. Wer Gott verwirklicht hat, weiß, daß Unsterblichkeit eine absolute Wirklichkeit ist.

Die Selbstentdeckung von heute ist die Unsterblichkeit von morgen. Es ist gut, unsterblich zu sein, aber es ist unendlich viel besser, göttlich zu sein. Sokrates sagte etwas Unvergeßliches: »Die Seelen aller Menschen sind unsterblich, aber die Seelen der Rechtschaffenen sind sowohl unsterblich als auch göttlich.« Nur wenn die Göttlichkeit in der Unsterblichkeit hell aufleuchtet, kann die Wirklichkeit all-umarmend, all-erhaltend und all-erfüllend sein.

Das äußere Leben ist die Menschheit. Das innere Leben ist Unsterblichkeit. Das Leben um uns ist Wirklichkeit. Das Leben über uns ist Göttlichkeit. Das Leben unter uns ist Dunkelheit.

Wenn die Göttlichkeit in die Menschheit herabsteigt, wird die Seele der Menschheit hoffnungsvoll. Wenn Göttlichkeit in die Unsterblichkeit herabsteigt, wird die Seele der Unsterblichkeit sinnvoll. Wenn die Göttlichkeit in die Wirklichkeit eintritt, wird die Seele der Wirklichkeit fruchtbar. Wenn die Göttlichkeit in die Dunkelheit eindringt, beginnt die Seele der Dunkelheit zu beten.

Gott inspiriert den Menschen mit Seiner unsterblichen Inspiration. Der Mensch verwirklicht Gott mit seiner unsterblichen Selbst-Hingabe. Gott meditiert auf den Menschen für seine unsterbliche Vollkommenheit. Der Mensch meditiert auf Gott für Seine unsterbliche Manifestation.

Andere nachzuahmen ist ein Akt der Torheit. Sich selbst nachzuahmen ist ein Akt der Absurdität. Gott imitieren heißt die Unsterblichkeit imitieren. Wenn wir Gott imitieren, endet unser Leben der Vorstellung, und unser Leben der Verwirklichung tagt. Wie können wir Gott imitieren, wenn wir nicht wissen, wer Gott ist? Gott ist der göttliche Mensch, dort im Himmel zutiefst inspirierend, hier auf der Erde alles opfernd.

Was ist Unsterblichkeit? Unsterblichkeit ist das göttliche Bewußtsein, das ewig wächst und endlos fließt. In seinem Wachsen erreicht es den sich selbst transzendierenden Gott. In seinem Fließen erreicht es den universalen Gott.

Der Körper sagt: »Das Leben ist nichts als Druck.« Die Lebenskraft des Körpers sagt: »Das Leben ist nichts als Lust.« Der Verstand sagt: »Das Leben ist die Heimat der Ideen.« Das Herz sagt: »Das Leben ist die Heimat der Ideale.« Die Seele sagt: »Das Leben ist die Heimat der Erfahrungen.« Gott sagt: »Das Leben ist die Heimat der Unsterblichkeit.«

Die Mutter Erde symbolisiert die menschliche Strebsamkeit. In den Upanishaden ist es daher eine Frau, Maitreyi, die die Menschheit das höchste Streben zu Gott lehrt: »Was nützen mir Dinge, die mich nicht unsterblich machen?«

Laßt uns mit Maitreyi untrennbar eins sein und fühlen, daß das bindende, beschränkende Bewußtsein der Sterblichkeit vom unbeschränkten Bewußtsein der Unsterblichkeit durchflutet werden wird.

O strebender Mensch, geh tief in dich. Höre auf Gott, wie Er flüstert: »Mein Kind, du bist gut. Darum habe Ich dich zu Meinem Herzen der Unendlichkeit gemacht. Mein Kind, du bist freundlich. Darum habe Ich dich zu Meinem Atem der Ewigkeit gemacht. Mein Kind, du bist groß. Darum habe Ich dich zu Meinem Leben der Unsterblichkeit gemacht.«

VII
INDIVIDUALITÄT, PERSÖNLICHKEIT UND EGO

DAS LIED DES EGO

Mein Ego benötigt.
Meine Seele hat.

Mein Ego versucht.
Meine Seele tut.

Mein Ego kennt das Problem, das ist.
Meine Seele wird zur Antwort, die ist.

Ich bin nicht allein.
In meinem unerleuchteten Selbst
Ist mein Ego, mein nackter Tod.

Ich bin nicht allein.
In meinem schneeweißen Herzen
Ist meine Seele, und die Flamme meines Geistes.

Das Ego ist der Dieb der Diebe. Nicht nur gewöhnliche Erfahrungen, sondern sogar Verwirklichungen haben Angst vor diesem Einbrecher.

Die Abwesenheit des Egos zu fühlen, ist so schwierig, wie Gottes ständige Anwesenheit in sich selbst zu sehen. Das Ego hilft der Knechtschaft zu wachsen. Als Gegenleistung hilft die Knechtschaft dem Ego aufzublühen, Amok zu laufen. Selbstmitleid, Selbstnachgiebigkeit und selbstsüchtige Gefühlsäußerungen sind alles dieselbe Unzulänglichkeit mit verschiedenen Namen.

O kleines Ego, o großes Ego, sorgt euch nicht. Euch beiden steht Gottes Mitleid zur Verfügung. Wie der Unterschied zwischen einem Bächlein und einem Fluß verschwindet, wenn sie sich ins Meer ergießen, so gibt es keinen Unterschied zwischen einem gewöhnlichen Menschen und einem wichtigen Menschen, wenn sie ins Meer von Gottes Mitleid tauchen.

Ego ist Vielfalt in unerfüllender Tat. Selbst-Hingabe ist Einheit in erfüllter Tat, erfüllter Manifestation und erfüllter Vollkommenheit.

Selbstverherrlichung kann nicht einmal die Füße der Gottverwirklichung berühren. Gottverwirklichung kann sich nicht erniedrigen, auch nur den Kopf der Selbstverherrlichung zu berühren.

Wenn man sich stets für den Größten hält, bedeutet das zu glauben, Werkzeug und Geschicklichkeit seien unnötig.

Der Mensch ist einer wilden Bestie zweifellos unendlich weit überlegen. Aber aus zwei Flaschen trinkt er immer Gift: Die eine Flasche enthält Ego, die andere Zweifel. Bis er diese zwei Flaschen weggestellt hat, ist der Mensch nicht mehr als ein höheres Tier.

Sich darum zu bemühen, etwas Einzigartiges zu tun, ist zweifellos gut, doch ist es besser, in Erfahrung zu bringen, ob es tatsächlich Gottes Wille ist, daß wir dieses Einzigartige vollbringen.

Der Unterschied zwischen Gott und dem Menschen ist der: der Mensch ist das bestimmende Ich; Gott ist das bestimmte Wir.

Glücklich ist, wer jede Selbstsucht überwunden hat. Gesegnet ist, wer Gott aus dem Meer seines Egos auftauchen sieht.

Im Augenblick, wo wir den Spiegel der Selbst-Schmeichelei von unseren Augen entfernen und den Spiegel der Wahrheit vor uns hinhalten, sehen wir ein Halb-Tier, das in und um uns umherhüpft.

Zerstören Sie sich nicht mit Ihrem unerleuchteten, wilden Ego. Selbstmord ist das schlimmstmögliche Hindernis zum Ziel der Selbstverwirklichung: Wenn Sie sich selbst zerstören, werden Sie zu einem viel weiter zurückliegenden Punkt zurückkehren müssen, anstatt Ihr nächstes Leben dort anzufangen, wo Sie in diesem Leben aufgehört haben.

Es gibt eine Niederlage, die einen größeren Triumph mit sich bringt als ein Sieg. Was für eine Niederlage? Die Niederlage unseres Egos, wenn sie ihm von unserer Seele beigebracht worden ist.

EIN WEITERER GOTT

Wenn ich mich nur selbst göttlich lieben könnte,
würde ich zu einem weiteren Gott.
Wenn ich mich nur selbstlos enthüllen könnte,
würde ich zu einem weiteren Gott.
Wenn ich mich nur bedingungslos manifestieren könnte,
würde ich zu einem weiteren Gott.
Wenn ich mich nur selbst vergessen und mir vergeben könnte,
würde ich zum einzigen Gott.

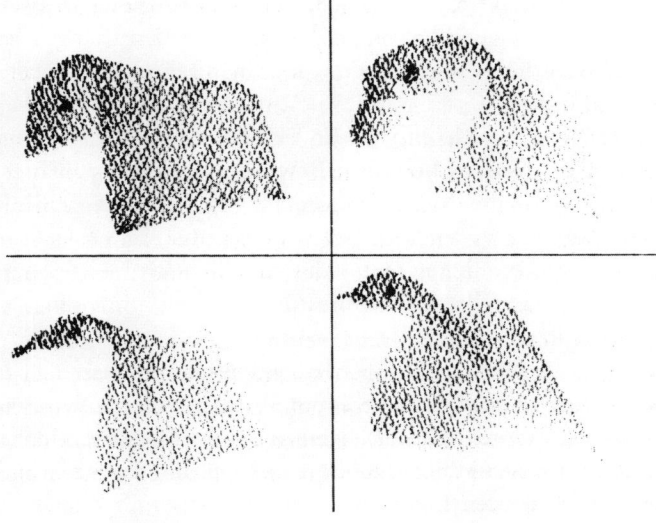

Individualität und Persönlichkeit

Menschliche Individualität ist eine sich selbst peinigende Persönlichkeit.
Göttliche Individualität ist eine sich selbst entdeckende Persönlichkeit.

Der Mensch braucht seine Individualität und Persönlichkeit nicht zu verlieren. Er muß seine all-durchdringende göttliche Individualität und seine all-dienende göttliche Persönlichkeit fühlen und verwirklichen. Wenn wir von Individualität sprechen, sehen wir unmittelbar, daß sie aus Stolz, Eitelkeit, Wünschen, Frustrationen, Angst, Befürchtungen, Sorgen und so weiter zusammengesetzt ist. Diese Art von Individualität können wir in unserem täglichen Leben beobachten. Aber es gibt eine andere Art der Individualität, die wir göttliche Individualität nennen. Göttliche Individualität ist völlig verschieden von der Individualität, die sich aus Stolz, Eitelkeit, Egoismus, erdgebundenen Wünschen, begrenzten Errungenschaften und begrenzter Erfüllung zusammensetzt. Göttliche Individualität ist ein direkter Ausdruck des Göttlichen in uns.

Gott ist eins. Gleichzeitig ist Er Vielheit. Eins ist Er in Seinem höchsten alles transzendierenden Bewußtsein. Viele ist Er hier auf Erden im Reiche der Manifestation. Im Höchsten ist Er Einheit. Hier auf Erden ist Er Vielfalt. Gott ist ein Lotus, Er hat viele, viele Blütenblätter, von denen ein jedes einen individuellen Aspekt Seiner selbst darstellt. Er manifestiert Sich auf unendlich viele Weisen und in unendlich vielen Formen.

Wenn wir von der menschlichen Persönlichkeit sprechen, denken wir sofort an etwas, das unserem physischen Bewußtsein oder unserem physischen Körper eigen ist. Ein Mensch bildet mit seinen angeborenen Fähigkeiten, Neigungen und Talenten und all seinen bezeichnenden Eigenheiten eine Art Persönlichkeit. Wenn ein Mensch vor mir steht, breitet sich seine Persönlichkeit aus wie Wasser, das über eine glatte Oberfläche fließt. Wenn wir an einen Menschen oder an einen Gegenstand denken, dringt unsere eigene Individualität sogleich in die Persönlichkeit dieses Menschen oder Gegenstandes ein. Im Augenblick bin ich mit Ihnen hier in Berkeley. Aber wenn mich meine Gedanken zu jemandem in Indien tragen, vereinigt sich meine Individualität sofort mit dem Menschen, der dort ist. Ich bin in den Menschen eingedrungen, der jetzt in Indien ist, und ich kann aufgrund meines Einsseins mit ihm von seiner Persönlichkeit Gebrauch machen. Ich habe meine Individualität nicht verloren. Ich fühle, daß meine Individualität in eine all-durchdringende und all-dienende Persönlichkeit verwandelt worden ist. Im Augenblick, da ich an irgendjemanden denke, tritt mein Bewußtsein in ihn ein und durchdringt ihn. Wenn mich mein Bewußtsein in einen Menschen hineinbringt, werde ich zu einem Teil seiner selbst. Dann dehne ich mein Bewußtsein dort aus. Wenn sich mein Bewußtsein ausdehnt, dehnt sich auch sein Bewußtsein aus. Wir dienen immer dann, wenn wir bewußt in etwas eintreten, das von uns verschieden ist.

In unserem wahren Selbst sind wir alle eins. Aber in unserem äußeren Selbst sind wir viele. Unter den »vielen« sehen wir, wie der eine dem anderen dient; und der »andere« nimmt vielleicht nicht aktiv oder auch nur unbewußt an diesem Prozeß teil. Zum Beispiel halte ich hier einen Vortrag. Vielleicht spüren Sie, daß ich Ihnen mit meinem Wissen und meinem spirituellen Licht diene, aber ich möchte Ihnen sagen, daß auch Sie dem Höchsten in mir dadurch dienen, daß Sie mir zuhören und das, was ich anbiete, verstehen und schätzen. Dies nennen wir die all-dienende Persönlichkeit. Im Augenblick, wo wir vor jemandem stehen, macht unsere bloße Anwesenheit einen wichtigen Teil des Bewußtseins jenes Menschen aus, selbst wenn der andere in dem Austausch keine aktive oder dynamische Rolle einnimmt. Ein gewöhnlicher Mensch versteht die Sprache einer Blume nicht, aber was geschieht in Wirklichkeit, wenn er vor einer Blume steht? Er bewundert ihre Schönheit, und die Schönheit der Blume bewundert sein Bewußtsein. Es besteht gegenseitige Bewunderung, gegenseitige Liebe, gegenseitiger Dienst.

Ich diene Ihnen mit allem, was ich bin und mit allem, was ich habe. Sie dienen mir, indem Sie vollständig eins werden mit meinem Bewußtsein. Das ist wirklicher Dienst. In dieser Art Dienst verlieren wir unsere Individualität nicht. Meine Individualität verbleibt in Ihnen, und Ihre Individualität verbleibt in mir. Es ist die Ausdehnung unserer Persönlichkeit in Form dieser erweiterten Individualität, die Gott auf unendlich viele Weisen ausdrückt. Obwohl ein kleines Wassertröpfchen als ein individueller Tropfen aufgefaßt werden kann, verliert es seine sogenannte Individualität nicht, wenn es in den unendlichen Ozean eintaucht. Im Gegenteil, seine Individualität weitet sich zur unendlichen Ausdehnung des Ozeans aus. Wenn wir den Ozean betrachten, sehen wir den Ozean als ein immenses Wesen, als umfassende Persönlichkeit, die in sich Millionen und Abermillionen von lebendigen Wesen birgt. Er ist selbst ein lebendiges Wesen. Indem der Tropfen in den Ozean fällt, wird der Tropfen so groß wie der Ozean. Das gleiche geschieht, wenn wir mit unserer Individualität in unsere göttliche Persönlichkeit eindringen; wir sehen, wie unsere Individualität in die unendlich weite und all-durchdringende Persönlichkeit des Göttlichen verwandelt wird.

Die innere Freiheit

Die äußere Freiheit besteht darin, daß wir sehen, was wir sehen sollten. Die innere Freiheit besteht darin, daß wir sind, was wir sein müssen. Was wir sehen sollten, ist das goldene Gesicht der Wahrheit. Was wir sein müssen, ist das fließende Leben von Gottes Schau und der glühende Atem von Gottes Wirklichkeit. Die Mutter der Freiheit ist Licht. Der Vater der Freiheit ist Wahrheit. Der Gatte der Freiheit ist Friede. Der Sohn der Freiheit ist Mut. Die Tochter der Freiheit ist Vertrauen.

Freiheit erblüht, wo das Licht scheint. Freiheit erblüht, sobald die Wahrheit singt. Freiheit erblüht, wenn der Friede sich ausbreitet. Freiheit erblüht, weil der Mut fordert. Die Freiheit läutet; daher blüht das Vertrauen.

Jemand sagte: »Wenn es für die Menschheit einmal mehr Freiheit gibt, wird sie den Frauen gehören.« Diese Feststellung findet in der inneren Welt keinen Nährboden. In der inneren Welt haben Männer und Frauen dieselbe Freiheit, sich um die Inspiration des Verstandes, das Streben des Herzens und die Verwirklichung der Seele zu kümmern. Inspiration ist wie eine Frau, Strebsamkeit wie ein Mann; die Verwirklichung ist wie Mann und Frau in einem.

Wir kämpfen um äußere Freiheit. Wir schreien nach innerer Freiheit. Mit der äußeren Freiheit sehen und beherrschen wir die vier Enden der Welt. Mit der inneren Freiheit sehen wir die Seele und werden zum Ziel des ganzen Universums.

Wahre Freiheit besteht nicht darin, Schlechtes über die Welt oder über einen oder mehrere Menschen zu erzählen. Wahre Freiheit besteht aber auch nicht nur darin, die Welt oder die

Menschheit zu würdigen und zu bewundern. Wahre Freiheit besteht allein in unserem untrennbaren Einssein mit dem inneren Schrei und dem äußeren Lächeln der Welt. Der innere Schrei der Welt ist Gott die Verwirklichung. Das äußere Lächeln der Welt ist Gott die Manifestation. Freiheit ist ausdrucksvoll. Das sagt mir der Körper. Freiheit ist explosiv. Das sagt mir die Lebenskraft. Freiheit ist teuer. Das sagt mir der Verstand. Freiheit ist erleuchtend. Das sagt mir das Herz. Freiheit ist erfüllend. Das sagt mir die Seele.

Meine äußere Freiheit ist meine selbstauferlegte und von mir selbst aufgeblähte Verpflichtung. Meine innere Freiheit ist das Geburtsrecht meiner ewigen Strebsamkeit und meiner endlosen Verwirklichung.

Die wichtigste Frage ist nun, ob meine innere Freiheit und meine äußere Freiheit Hand in Hand gehen können. Gewiß können sie das. Gewiß müssen sie das. Meine innere Freiheit weiß, was sie hat und was sie ist: Verwirklichung. Meine äußere Freiheit muß wissen, was sie will und was sie braucht: Verwandlung.

Wenn die Freiheit meines äußeren Lebens seelenvoll und vorbehaltlos verwandelt ist, wird sie unmittelbar zur mächtigsten Kraft und zum höchsten Stolz der Freiheit meines inneren Lebens.

Meine äußere Freiheit ist mein Lebens-Boot. Meine innere Freiheit ist mein Lebens-Meer. Mein Gott ist mein höchster Kapitän. Heute bin ich die suchende und schreiende Seele meiner Reise. Morgen werde ich das erleuchtende und erfüllende Ziel meiner Reise sein.

Meine Freiheits-Seele ist die mitleidsvolle und beständige Notwendigkeit meines Gottes. Mein Freiheits-Ziel ist die ewig erfüllte, lächelnde und tanzende, über sich selbst hinausschreitende Versicherung meines Gottes.

VIII
WEGE DES WERDENS

INTUITION

Intuition ist ein Stoßen und ein Ziehen, ein inneres Stoßen und ein äußeres Ziehen. Das Stoßen kommt von unserer Strebsamkeit. Das Ziehen kommt von Gottes Erleuchtung. Wenn Gott einen Sucher einlädt, mit Ihm zu essen, so ist es die Intuition des Suchers, die die Einladung sofort annimmt. Der Verstand liebt das Erforschen und Erfinden. Das Herz liebt das Streben und Vereinen. Die Intuition liebt das Erleuchten und Über-den-Verstand-Hinausgehen bis zum Allerhöchsten.

Intuition sagt uns blitzartig, wie Gott aussieht. Verwirklichung sagt uns in einem Augenblick, wer Gott ist. Die Intuition fliegt wie ein Pfeil zum Ziel. Die Verwirklichung tanzt wie ein erfahrener Tänzer ewig im Herzen des Zieles.

Intuition ist die Schöpfung über dem Verstand. Intuition ist die Freiheit jenseits des Verstandes. Intuition ist die Evolution des Bewußtseins-Lichtes außerhalb der Grenzen des physischen Verstandes.

Es gibt aber auch eine um sehr vieles niedrigere Form der Intuition im Körper, in der Lebenskraft, im Verstand und im Herzen. Die Intuition im Körper ist praktisch blind. In der Lebenskraft ist sie machtvoll dunkel, im Verstand überraschend ungewiß und im Herzen jämmerlich hilflos.

Der Unterschied zwischen Intuition und Willenskraft ist der: Die Intuition sieht die Wahrheit; die Willenskraft will zur Wahrheit werden. Die Intuition hat die Fähigkeit, die Straße abzukürzen, die zur höchsten Erleuchtung führt. Die Willenskraft hat die Fähigkeit, im Meer der Erleuchtung zu baden.

Einbildung ist nicht Intuition. Inspiration ist nicht Intuition. Strebsamkeit ist nicht Intuition. Aber wenn Intuition die Einbildung mit Wahrheit beschenkt, erweitert Einbildung die Wahrheit erfolgreich. Wenn Intuition die Inspiration mit Wahrheit beschenkt, umarmt Inspiration die Wahrheit seelenvoll. Wenn Intuition die Strebsamkeit mit Wahrheit beschenkt, saugt Strebsamkeit die Wahrheit ergeben in sich ein.

Intuition ist das goldene Bindeglied zwischen Vision und Wirklichkeit. Die Vision benötigt die Intuition, um ihre alles verwandelnde Botschaft zur Menschheit zu tragen. Die Wirklichkeit benötigt die Intuition, um ihre alles hingebende Botschaft zur Gottheit zu tragen.

Wunsch und Strebsamkeit

Begierde ist ein wildes Feuer, das brennt und brennt und uns schließlich verzehrt. Strebsamkeit ist ein glühendes Feuer, das unser Bewußtsein auf geheimnisvolle und heilige Weise erhöht und uns schließlich befreit. Durst nach dem Höchsten ist Strebsamkeit. Durst nach dem Niedersten ist Vernichtung. Begierde ist Erwartung. Ohne Erwartung gibt es keine Enttäuschung. Begierde vernichten heißt wahres Glück errichten. Strebsamkeit ist Selbsthingabe, und Selbsthingabe ist das bewußte Einssein des Menschen mit dem Willen Gottes.

Wie der Krieg den Handel eines Landes zum Stillstand bringt, so bringt unser starker Hang zu den Vergnügen der Unwissenheit alle unsere inneren spirituellen Regungen zum Stillstand.

So wie die Dinge heute liegen, sind wir schon durch unsere Geburt dazu verurteilt, weit weg von Gott zu sein. Warum schwelgen wir freiwillig in Sinnesvergnügen und rücken damit noch weiter von Gott weg? Die eingebildeten Bedürfnisse unseres menschlichen Lebens zu befriedigen und nach der Erfüllung unserer irdischen Gelüste zu schreien heißt in Wirklichkeit bloß, uns selbst zu foltern. Gottes wirkliche, göttliche Bedürfnisse in und durch uns zu befriedigen hingegen ist Selbsterleuchtung.

Ach Gott, die unerleuchteten Menschen verstehen Dich immer falsch. Sie glauben, Du seiest gnadenlos. Wenn Du jedoch ihre wollüstigen Begierden erfüllst, glauben sie, niemand auf der ganzen Erde könne Dich an Torheit überbieten.

Ach Mensch, betrachte dein überaus klägliches Schicksal! George Bernard Shaw hat es in treffliche Worte gefaßt: »Es gibt zwei Tragödien im Leben. Die eine entsteht, wenn deine Herzenswünsche nicht erfüllt werden, die andere, wenn sie dir erfüllt werden.«

Begierde bedeutet ängstliches Bangen. Dieses Bangen findet erst dann Befriedigung, wenn es sich durch solide Bindung erfüllen kann. Strebsamkeit bedeutet Ruhe. Diese Ruhe findet erst dann Befriedigung, wenn sie sich durch hellsichtige und all-liebende Ungebundenheit ausdrücken kann. In der Begierde und nirgendwo sonst wohnt die menschliche Leidenschaft. Sie hat einen gefürchteten Feind: das Urteil der göttlichen Fügung. In der Strebsamkeit und nirgendwo sonst liegt die Rettung des Menschen. Sie hat einen ewigen Freund: Gottes allerfüllende Gnade.

Begierde ist Versuchung. Nähre die Versuchung, und das wahre Glück verhungert. Strebsamkeit ist das Erwachen der Seele. Das Erwachen der Seele ist die Geburt von überirdischer Wonne.

Ein wahrer Sucher nach der unendlichen Wahrheit kann nie etwas aus Oscar Wildes Entdeckung gewinnen, daß die einzige Möglichkeit, um von einer Versuchung loszukommen, darin bestehe, ihr nachzugeben. Der Sucher hat bereits die Wahrheit entdeckt, daß man nur durch hohes, höheres und höchstes Streben alle Versuchungen — sichtbare und unsichtbare, geborene und noch ungeborene — loswerden kann.

Von Oscar Wilde stammt auch folgende wichtige Feststellung: »Ich kann allem widerstehen — außer der Versuchung.« Gewiß macht ihm deswegen niemand einen Vorwurf, denn Versuchung ist eine universelle Krankheit. Für einen Menschen ohne Strebsamkeit ist die Versuchung ausnahmslos unwiderstehlich. Doch ein wahrer Sucher fühlt und weiß, daß er der Versuchung widerstehen kann, daß er aber der Verwandlung nicht widerstehen kann, der Verwandlung seiner physischen Natur, seines gesamten Bewußtseins in der Tiefe des Meeres der Zeit. Der Verwandlung seiner physischen Natur, seines gesamten Bewußtseins hat er natürlich nie widerstrebt und wird ihr auch nie widerstreben. Im Gegenteil, gerade für diese Verwandlung lebt er auf der Erde.

Schauen wir uns die Kraft einer Begierdenblase an! Sie vermag unser ganzes Leben für ihren alleinigen Gebrauch einzuspannen. Schauen wir uns die Kraft von einem Hauch von Strebsamkeit an!

Sie kann uns fühlen lassen, daß Gott der Unendliche voll und ganz uns gehört. Und noch etwas: Sie läßt uns fühlen, daß Gottes unendliche Liebe, Sein Friede, Seine Freude und Kraft für unseren ständigen Gebrauch da sind.

Sinnesobjekte und die sinnliche Bindung des Menschen an sie sind nicht zu trennen. Aber im Augenblick, da sie Gottes Lächeln sehen, verleugnen sie ihre Verbundenheit. Mehr noch, sie werden einander vollkommen fremd.

Erfülle die Verlangen deines Körpers, und du verlierst deine Selbstbeherrschung. Erfülle die Bedürfnisse deiner Seele, und du gewinnst deine Selbstbeherrschung

Umarme das Laster nicht. In deiner Enthaltung wirst du etwas Wertvolleres besitzen: Selbstbeherrschung. Was ist Selbstbeherrschung? Sie ist die Kraft, die dir sagt, daß du nicht zu deinem Ziel laufen mußt. Das Ziel muß zu dir kommen — und wird es auch.

Das Kapital der äußeren Welt ist Geld, das sich sehr oft in giftigen Honig verwandelt. Das Kapital der inneren Welt ist Strebsamkeit, die sich am Ende zur Selbstverwirklichung wandelt.

Der Gipfel der menschlichen Begierde drückt sich in Julius Caesars *veni, vidi, vici* aus: »Ich kam, sah und siegte.« Der Höhepunkt der göttlichen Strebsamkeit findet sich in einem Ausspruch vom Sohne Gottes: »Vater, Dein Wille geschehe.«

Der Mensch ist der Sklave der Leidenschaft. Der Mensch ist das Kind Gottes. Was möchten Sie sein, Gottes Kind oder der Sklave der Leidenschaft? Wählen Sie. Die eine Wahl führt Sie zur völligen Zerstörung, die andere zur augenblicklichen Befreiung. Wählen Sie. Ihnen wird die goldene und bedingungslose Wahl überlassen. Sie haben keine Wahl: Sie müssen wählen. Hier und jetzt.

STREBSAMKEIT: DIE INNERE FLAMME

Gott hatte einen glühenden Traum. Der Name dieses Traumes war Strebsamkeit. Der Mensch hat einen aufsteigenden Schrei. Der Name dieses Schreis ist ebenfalls Strebsamkeit. Gott war ursprünglich eins. Durch Seine Strebsamkeit wollte Gott Vielheit werden. Er wollte Sich in einer unendlichen Anzahl von Formen göttlich erfreuen und Sich in erhabenster Weise erfüllen.

Der Mensch ist Vielheit. Mit seiner Strebsamkeit will der Mensch, das teilende und geteilte Bewußtsein, der Mensch, der dunkle Verstand, der Mensch, das unerfüllte Wesen, eins werden mit dem Weltbewußtsein, dem Weltleben und der Weltseele. Er spürt unfehlbar und seelenvoll, daß dies der geheime und heilige Weg dazu ist, die tiefste Tiefe der Wirklichkeit und die höchste Höhe der Wahrheit zu erfühlen. – Strebsamkeit, die innere Flamme. Im Unterschied zu anderen Flammen verbrennt diese Flamme nichts. Sie reinigt, erleuchtet und verwandelt unser Leben. Wenn die Reinigung in unserer niederen Natur stattfindet, hoffen wir, das Gesicht Gottes zu sehen. Wenn die Erleuchtung in unserer äußeren Natur stattfindet, fühlen wir, daß Gott nah und lieb ist, daß Er all-durchdringend und all-liebend ist. Wenn unsere niedere und unsere äußere Natur in die Verwandlungs-Flamme hineinwachsen, werden wir die Wahrheit erkennen, daß Gott selbst der innerste Pilot, die hellste Reise und das höchste Ziel ist. – Gewisse Leute stehen unter dem Eindruck, Begierde und Strebsamkeit seien dasselbe. Unglücklicherweise – oder vielmehr glücklicherweise – ist das nicht wahr. Es sind zwei völlig verschiedene Dinge. Der Unterschied zwischen Begierde und

132

Strebsamkeit ist sehr einfach und klar. Begierde will die Welt binden und verschlingen. Strebsamkeit möchte die Welt befreien und ernähren. Begierde ist ausströmende Energie. Strebsamkeit ist einströmendes Licht. Die Begierde sagt zum Menschen: »Besitze alles. Du wirst glücklich sein.« Armer Mensch, wenn er auch nur etwas besitzen will, sieht er, daß er bereits erbarmungslos von allem in Gottes Schöpfung gefangen und besessen wird. Die Strebsamkeit sagt zum Menschen: »Verwirkliche nur eines: Gott. Du wirst glücklich sein.« Der beglückte und gesegnete Mensch fühlt auf seinem Weg hinauf und hinein erhabenen Frieden in seinem inneren Leben und strahlende Freude in seinem äußeren Leben, lange bevor er Gott sieht. Er fühlt, daß ihm die Erkenntnis des höchsten Jenseits nicht mehr lange verborgen bleiben kann.

Die Strebsamkeit hat nicht nur einen, sondern drei echte Freunde: gestern, heute und morgen. Das Gestern bot der Strebsamkeit seinen Inspirations-Flug an. Das Heute bietet der Strebsamkeit seine Widmungs-Kraft an. Das Morgen wird der Strebsamkeit seine Verwirklichungs-Wonne anbieten.

Strebsamkeit ist unser innerer Drang, die bereits errungene Erfahrung und Verwirklichung über sich hinauswachsen zu lassen. Dies ist absolut notwendig, weil Gott der Unendliche ständig Seine eigene Unendlichkeit über sich hinauswachsen läßt, weil Gott der Ewige ständig Seine eigene Ewigkeit über sich hinauswachsen läßt und weil Gott der Unsterbliche ständig Seine eigene Unsterblichkeit über sich hinauswachsen läßt.

Die kindliche Strebsamkeit will den Höchsten auf einem irdischen und individuellen Weg verwirklichen. Die jugendliche Strebsamkeit will den Höchsten auf einem göttlichen und glorreichen Weg verwirklichen. Die erwachsene Strebsamkeit will den Höchsten auf dem Weg des Höchsten selbst verwirklichen.

Strebsamkeit ist Verwirklichung. Strebsamkeit ist Enthüllung. Strebsamkeit ist Manifestation. Strebsamkeit ist Verwirklichung, wenn der Strebende Gottverwirklichung und Gottverwirklichung allein braucht. Strebsamkeit ist Enthüllung, wenn der Strebende fühlt, daß Gottenthüllung nur um Seinetwillen geschieht. Strebsamkeit ist Manifestation, wenn der Strebende fühlt, daß Gottmanifestation sein Geburtsrecht ist.

Inspiration, Strebsamkeit und Verwirklichung

Was meinen wir, wenn wir von »Inspiration«, »Strebsamkeit« und »Verwirklichung« sprechen? Inspiration ist der Anfang unserer spirituellen Reise, Strebsamkeit ist die Mitte unserer spirituellen Reise und Verwirklichung ist das Ende unserer spirituellen Reise. Wenn wir inspiriert sind, möchten wir das Gesicht Gottes sehen. Wenn wir streben, werden wir am Ende das Gesicht Gottes sehen. Wenn wir uns verwirklichen, wachsen wir in das ureigene Bild Gottes.

»Steht auf, wacht auf! Dieser Pfad ist mühsam.« So lernen wir von den Weisen, und wir müssen den Fußstapfen der Weisen folgen. Der Pfad der Spiritualität ist kein Rosenbeet. Noch ist er eine chimärenhafte Nebelschwade. Die goldenen Gestade des Jenseits sind kein bloßes Versprechen. Die Krone der menschlichen Strebsamkeit wird an den goldenen Gestaden des Jenseits in Erfüllung gehen.

Steht auf, wacht auf! Wir dürfen hier nicht anhalten. Wir müssen gehen, marschieren, laufen, tauchen und fliegen. Im Augenblick, wo wir uns von unserem Schlummer erheben, sehen und fühlen wir das Bedürfnis nach Gott in unserem menschlichen Leben, in unserem äußeren und inneren Leben. Wenn wir aufwachen, sehen wir nicht nur, daß wir Gott brauchen, sondern auch, daß Gott uns braucht. Warum? Wir brauchen Gott, um unser Höchstes, die letzte über sich selbst hinauswachsende Höhe zu verwirklichen. Gott braucht uns für Seine Selbstmanifestation hier auf der Erde, für Seine Manifestation in und durch uns. Wenn wir dem Pfad der Spiritualität folgen, sehen wir, wie Gott bereits in uns ist. Wenn wir marschieren, sehen wir, wie Gott neben uns marschiert. Wenn wir laufen, sehen wir, daß Gott in und durch uns läuft. Wenn wir tief in uns tauchen, sehen wir den unvergleichlichen Schatz der auf uns wartet. Wenn wir fliegen, sehen wir, daß wir im Himmelszelt des unendlichen Friedens, des unendlichen Lichts und der unendlichen Seligkeit fliegen. Im spirituellen Leben will jeder Gott verwirklichen. Aber wenn es um Strebsamkeit, Ergebenheit, Verzicht und Selbsthingabe an den Willen des inneren Piloten geht, so sind nur sehr wenige Leute bereit, sich der spirituellen Disziplin zu unterziehen. Alle wollen Gott über Nacht verwirklichen; jeder will der größtmögliche Erzieher oder Guru werden, ohne durch die spirituelle Disziplin von Inspiration und Strebsamkeit zu gehen. Das kommt zum Beispiel vor, wenn ein Sucher zu einer spirituellen Gemeinschaft kommt. Der Leiter der Gemeinschaft fragt ihn: »Was willst du?« Der Sucher sagt: »Ich will Eurer spirituellen Gemeinschaft beitreten. Bitte gib mir eine Arbeit.« Der Leiter sagt: »Hier gibt es nur zwei Arten von Arbeit. Entweder du mußt die Rolle des Schülers oder die Rolle des Gurus oder Meisters spielen. Du mußt auf den Guru hören, oder du mußt der Guru sein und andere dazu veranlassen, auf dich zu hören.« Der Sucher sagt sofort: »Bitte laß mich die Rolle des Gurus spielen.« In unserem spirituellen Leben geschieht das tatsächlich. Wenn ein Sucher zum Meister kommt, glaubt er unbewußt sehr oft, daß er über Nacht auch ein Meister werden kann. Aber ich möchte betonen, daß es nicht möglich ist, über Nacht spirituelle Größe zu erlangen, Selbstentdeckung zu erringen oder Gott zu verwirklichen. Dies braucht Zeit. Die meisten unter Ihnen hier sind Studenten. Sie wissen, wie viele Jahre es braucht, bis man Ihnen den Universitätsabschluß gibt – zwanzig, fünfundzwanzig Jahre. Spirituelles Wissen aufzunehmen erfordert ebenfalls viele Studienjahre. Diese Studien müssen unternommen werden, bevor man ein spiritueller Meister wird.

Wir leben alle in einer Welt von Dualität, Vielfalt und Verschiedenheit. Wenn wir unser Bewußtsein zum Höchsten erheben wollen und zu streben versuchen, bestiehlt uns die Begierde, der Dieb. Sie nimmt uns unsere psychische Strebsamkeit, unsere reine Ergebenheit zu Gott, unseren ergebenen Willen, den wir dem

Willen des Allmächtigen anbieten, weg. Jesus sagte: »Wenn der Mensch nicht wiedergeboren wird, kann er das Königreich Gottes nicht sehen.« Was lernen wir von dieser erhabenen Botschaft? Wir lernen, daß das Leben der Wünsche dem Leben des Strebens weichen muß. Wenn das Leben der Strebsamkeit nicht zum Vorschein kommt, kann ein neues Leben nie beginnen. Das Königreich Gottes kann nur errichtet werden, wenn wir die Flammen der Strebsamkeit tief in uns entzünden. Jeden Tag stehen wir dem Idealen und dem Realen gegenüber. Unser Ideal ist Gott, aber die Wirklichkeit, der wir gegenüberstehen, ist etwas völlig anderes: Unwissenheit. Wir sind im Netz der Unwissenheit gefangen. Das Ideale und das Reale müssen zusammengehen. Gott ist das Ideale; Gott ist auch das Reale. Jeden Tag legen wir feierliche Versprechen ab. Wir sagen, unser Ideal sei, unser Bewußtsein zum Höchsten zu erheben, unser Ideal sei, vollkommene Vollkommenheit zu erringen. Aber wenn wir dem Realen in und um uns gegenüberstehen, sehen wir, daß wir die geborene Unvollkommenheit sind. Warum? Weil es uns an Strebsamkeit fehlt. Wir wälzen uns in den Vergnügungen der Wünsche. Natürlich kann die Strebsamkeit so ihre Rolle nicht richtig spielen.

Jeden Tag müssen wir uns dem inneren Leben zuwenden. Wenn wir uns fünfzehn Minuten lang in der Meditation üben, übt Gott Mitleid. Wir anerbieten Ihm den seelenvollen Schrei unseres Herzens, und Er anerbietet uns auf Seine Weise Sein unumschränktes, unendliches Mitleid. Das ist es, was wir und Gott tun.

Verzicht. Auf was verzichten wir? Auf die Welt? Auf die Gesellschaft? Auf die Menschheit? Nein! Wir verzichten auf unsere Unvollkommenheiten, auf Knechtschaft und Tod. Wenn wir tief in uns gehen, sehen wir, daß wir auf diese negativen Eigenschaften nicht eigentlich verzichten. Wir verwandeln sie vielmehr. Wenn die Unvollkommenheit in unserem Leben bedeutend und wichtig ist, dann versuchen wir, unsere Unvollkommenheit durch unser bewußtes Gewahrsein des Lichtes zu vervollkommnen. Wenn wir in uns Knechtschaft bemerken, dann versuchen wir, unsere Knechtschaft in Freiheit umzuwandeln. Wenn ständig der Tod an unserer Türe klopft — was er immer tut — versuchen wir, unseren Tod in Unsterblichkeit zu verwandeln.

Ich sprach zuvor über das Bedürfnis nach Strebsamkeit, um Gott zu verwirklichen. Aber auch Inspiration ist notwendig. Warum brauchen wir Inspiration? Können wir nicht gleich Verwirklichung erreichen, ohne zuerst durch die Inspiration gehen zu müssen? Nehmen wir ein Beispiel. Ein Künstler malt ein Bild. Wenn er nicht inspiriert ist, wird seine Schöpfung keinen Sinn, keine Bedeutung haben. Es wird eine mechanische Schöpfung sein; es wird ihr an Leben fehlen. Der Künstler verleiht einem Porträt aufgrund seiner Inspiration Leben. Wenn die Leute das Porträt sehen und würdigen, nimmt ihre Würdigung die Form eines Anerbietens ihres eigenen Lebens an. Das Porträt erhält neues Leben von den Bewunderern. Und wenn ein spiritueller Mensch das Bild anschaut, bietet er ihm göttliches Leben an. Wir sehen also zuerst die Schöpfung des Künstlers, dann sehen wir die Schöpfung der Bewunderer, und zuletzt sehen wir die Schöpfung des Meisters, die dem Bild göttliches Leben schenkt.

Wenn sich ein Mensch auf dem spirituellen Pfad befindet, ist seine Inspiration das erweckende Leben, das er sich anbietet. Wenn er strebt, ist sein Streben das erleuchtende Leben, das er sich anbietet. Und wenn er ein verwirklichter Mensch wird, anerbietet er seinem erweckten und erleuchteten Leben das göttliche Leben, das Leben der Unsterblichkeit.

Was ist Verwirklichung? Wenn wir in unserem spirituellen Leben den Ausdruck »Verwirklichung« brauchen, sind die Leute sehr oft verwirrt. Sie haben das Gefühl, ein verwirklichter Mensch sei völlig anders als ein gewöhnlicher Mensch und benehme sich ganz außergewöhnlich. Doch ein verwirklichter Mensch braucht sich nicht außergewöhnlich zu benehmen und soll dies auch nicht. Was hat er verwirklicht? Die letzte Wahrheit in Gott. Und wer ist Gott? Gott ist jemand absolut Natürlicher, etwas absolut Natürliches.

Wenn ein Mensch die höchste Wahrheit verwirklicht, versucht er, die höchste Wahrheit der ganzen Menschheit weiterzugeben. In den meisten Fällen meinen unverwirklichte oder unspirituelle Leute, daß ein verwirklichter Mensch, wenn er wirklich verwirklicht sei, unablässig Wunder vollbringen sollte. Wunder und Gottverwirklichung brauchen nicht und sollten auch nicht miteinander zu tun haben. Wenn Sie vor einem spirituellen Meister stehen, erwarten Sie etwas ganz Bestimmtes und Sie sehen es auch: Friede, Licht, Glückseligkeit und göttliche Kraft. Nun, wo hat er diese Kraft? Nicht in seinen Armen nicht in seinen Beinen oder in seinem Kopf, sondern tief in den innersten Gefilden seines Herzens. Dringen Sie in ihn ein, und Sie werden unweigerlich unendlichen Frieden und unendliches Licht und unendliche Glückseligkeit fühlen. Aber wenn Sie von einer verwirklichten Seele etwas anderes erwarten, wenn Sie zu einem spirituellen Meister kommen in der Annahme, er könne Ihre unzähligen Wünsche erfüllen und Sie in einem Augenblick zu einem Multimillionär machen, da er das Höchste verwirklicht hat, dann irren Sie sich gewaltig. Das sind Dinge, die er nicht tut. Wenn es der Wille des Höchsten ist, kann der Meister ohne weiteres jemanden über Nacht zum Multimillionär machen. Er kann materiellen Reichtum im Überfluß herabbringen, aber dies ist nicht der Wille Gottes. Was Sie von einem Meister und von der Verwirklichung eines Meisters erwarten können, ist Friede, Licht und Glückseligkeit.

ER STARB

Er starb für die Göttin der Schönheit.
Sie sah ihn nicht.
Er starb für die Göttin des Reichtums.
Sie segnete ihn nicht.
Er starb für die Göttin der Liebe.
Sie gab ihm keinen Hauch von Liebe.
Er starb für die Göttin der Pflicht.
Sie kam herab.
Sie kam zu ihm.
Sie segnete ihn.
Sie vervollkommnete ihn.
Sie erfüllte ihn.
Sie machte sein Leben der Begierde außen,
Sein Leben der Strebsamkeit innen unsterblich.

VOLLKOMMENHEIT

Vollkommenheit ist, was ich in meinem inneren Leben von Gott geerbt habe. Verwandlung ist, was ich in meinem äußeren Leben von Gott geerbt habe. Was ist Vollkommenheit? Vollkommenheit ist Verwirklichung. Vollkommenheit ist Manifestation. Vollkommenheit in der inneren Welt bedeutet Verwirklichung. Vollkommenheit in der äußeren Welt bedeutet Manifestation. Ein Sucher ist die Verschmelzung von Individualität und Persönlichkeit. Wenn ein Sucher seine selbstlose Individualität in die höchste Schau der Wirklichkeit trägt und seine all-liebende Persönlichkeit dem Absoluten Jenseits anerbietet, erringt er Vollkommenheit in der Welt der unendlichen Ewigkeit.

Es gibt Leute, die sagen, Vollkommenheit existiere weder im Himmel noch auf Erden. Ich kann ihnen nicht beistimmen. Vollkommenheit existiert sowohl im Himmel als auch auf Erden. Der Schrei der Erde ist Vollkommenheit. Das Lächeln des Himmels ist Vollkommenheit. Der seelenvolle Schrei der Erde und das glühende Lächeln des Himmels müssen zusammenspielen. Erst dann wird Gottes Gesicht in Zufriedenheit aufleuchten. Gott kann nur dann erfüllt sein, wenn der Schrei der Erde und das Lächeln des Himmels zusammen spielen. Wenn die Erde schreit, dürfen wir nicht meinen, die Erde sei dem Himmel unterlegen, und wenn der Himmel lächelt, dürfen wir nicht meinen, der Himmel sei der Erde überlegen. Nein; es ist Gott, der wachsende Mensch, der in und durch die Erde schreit, um alles zu verwirklichen, was er schließlich sein kann. Und es ist wiederum Gott, der erfüllte

Mensch, der im und durch den Himmel lächelt, indem Er verwirklicht, was Er bereits ist.

Vollkommenheit ist eine Unmöglichkeit: das sagt uns das Heute. Aber das Morgen wird uns sagen, Vollkommenheit sei eine Unvermeidbarkeit. Es vergeht immer eine gewisse Zeit von der Aussaat bis zur Ernte. Im spirituellen Leben ist Strebsamkeit die Saat und Verwirklichung die Ernte. Ohne Strebsamkeit kann die Verwirklichung nie dämmern. Was ist Strebsamkeit? Ist es etwas, was wir bereits haben, oder ist es etwas, was wir haben werden? Beides. Wenn wir sagen, wir hätten Strebsamkeit, haben wir recht, denn manchmal denken wir an Gott und meditieren auf Gott. Wenn wir sagen, wir hätten noch keine Strebsamkeit, würden sie jedoch eines Tages besitzen, haben wir ebenfalls recht, denn unsere Liebe zu Gott ist weder spontan noch beständig. Wenn wir zu Füßen der Ewigkeit sitzen, erkennen wir, daß auf die Strebsamkeit notwendigerweise Verwirklichung folgen muß. Und nachdem wir uns mit der ewigen Zeit befreundet haben, begreifen wir, daß die Verwirklichung schon immer da war, versteckt in unserer Strebsamkeit.

Vollkommenheit bedeutet lebendiges, spontanes, unablässiges Einssein mit dem inneren Piloten. Wenn wir einen freien Zugang zum inneren Leben haben, dann ist Vollkommenheit unsere eigene Seele und gleichzeitig unser einziges Ziel. Warum sind wir immer noch unvollkommen? Wir sind deshalb unvollkommen, weil wir nicht nach Vollkommenheit in uns selbst schreien. Wir verlangen – oder erwarten zumindest – unendlich viel mehr Vollkommenheit in andern als in uns selbst. Wir sagen, dieser und jene seien unvollkommen, und wir versuchten, sie zu verbessern. Aber ist es nicht absurd von mir, andere zu kritisieren und zu vervollkommnen, wenn ich selbst unvollkommen bin? Hier begehen wir einen himmelschreienden Fehler. Wenn wir aufrichtig genug sind, werden wir erkennen, daß wir zuviel Zeit damit darauf verschwenden, anderen den Splitter aus dem Auge zu nehmen. Es ist gut, an andere zu denken, aber nicht mit unserem kritisierenden, eifersüchtigen und unerleuchteten Verstand. Wenn wir mit dem Licht unserer Seele, mit dem Einssein unserer Seele an andere denken, dann eilen wir von selbst der Vollkommenheit entgegen.

Laßt uns daran denken, uns selbst zu vervollkommnen, und wenn wir an uns denken, wollen wir das gesamte Universum einschließen, das gesamte Universum in uns verkörpern. Dann müssen wir nicht an jedes Einzelwesen auf der Erde denken, denn sie sind alle in uns. Wenn ich meditiere, meditiert mein ganzer Körper mit mir. Ich brauche nicht an meine inneren Organe zu denken; sie sind in mir und meditieren und streben mit mir. Ebenso wird das gesamte Universum mit uns eilen, wenn wir während unserer Konzentration, Meditation und Kontemplation fühlen können, daß das gesamte Universum in uns ist und wir unserem Ziel entgegeneilen.

Wir sind alles Strebende, Sucher nach der unendlichen Wahrheit, dem unendlichen Licht und der unendlichen Glückseligkeit. Wenn nicht wir in unserem inneren und äußeren Leben Vollkommenheit erringen, wer sonst kann Vollkommenheit erringen? Wir sind es, die Sucher nach dem Unendlichen, die die Vollkommenheit verkörpern, verwirklichen, enthüllen und manifestieren müssen. Jeden Augenblick unserer irdischen Existenz, in der vergänglichen Zeit und in der ewigen Zeit, müssen wir die Botschaft der Vervollkommnung verkörpern. Wenn wir glauben, die ewige Zeit sei anderswo und es stehe uns nur die vergängliche Zeit zur Verfügung, irren wir uns. Wenn wir im Körper leben, schließen wir Freundschaft mit der vergänglichen Zeit. Wenn wir in der Seele leben, schließen wir Freundschaft mit der ewigen Zeit. Da wir uns im Körper befinden, wollen wir versuchen, die höchste Vollkommenheit von oben her in den Körper herunterzubringen. Wenn wir schon in der Seele leben können, während wir uns noch im Körper befinden, dann laßt uns unsere bereits errungene Vollkommenheit der ganzen Welt enthüllen.

Mein unvollkommenes Geschenk für Gott ist das Gestern, die Erfahrung von gestern. Gottes vollkommenes Geschenk für mich ist das Heute, die Verwirklichung von heute.

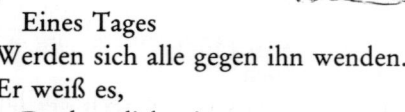

Eines Tages
Werden sich alle gegen ihn wenden.
Er weiß es,
     Doch er liebt sie.

Eines Tages
Werden ihn alle hassen.
Er weiß es,
     Doch er liebt sie.

Eines Tages
Werden sie ihn alle verlassen.
Er weiß es,
     Doch er liebt sie.

Eines Tages
Werden alle versuchen, sein Leben zu beenden.
Er weiß es,
     Doch er liebt sie.

Eines Tages
Werden alle versuchen, seinen Atem zu zerstören.
Er weiß es,
     Doch er liebt sie.

Und danach
Werden ihn alle innig lieben,
Ihn uneingeschränkt anbeten
Und ihn seelenvoll ihr eigen nennen.
Ach, das ist die so gewöhnliche Geschichte
Dieser ungewöhnlichen Welt.

Das Ende allen Wissens

Das Ende allen Wissens ist das Gott-Wissen. Dieses Wissen sagt dem Menschen, was er letztlich sein kann. Es sagt dem Menschen, daß er mit Gott bewußt und untrennbar eins sein kann. Das Gott-Wissen lehrt uns, daß Gott nicht nur in uns und für uns ist, sondern auch, daß jeder Mensch von Ihm ist. Schließlich sagt uns das Gott-Wissen, daß jeder Mensch zu Gott werden muß. Der unverwirklichte, unerfüllte Mensch von heute ist der verwirklichte und erfüllte Gott von morgen.

Das Ende des menschlichen Wissens ist der Beginn des göttlichen Wissens. Göttliches Wissen und menschliche Unwissenheit sind die beiden Gegensätze, die wir in unserem täglichen Leben sehen. Göttliches Wissen ist eine erleuchtende, erfüllende und unsterblich machende Kraft. Menschliche Unwissenheit ist ein verrückter Elefant, eine zerstörerische Kraft. Göttliches Wissen ist die Geburt der Unsterblichkeit. Menschliche Unwissenheit ist das Lied des Todes.

Sicher sind den meisten von Ihnen unsere Upanishaden ein Begriff. In der Kanshitaki Upanishade steht unter anderem: »Wir sollten nicht wünschen, die Sprache zu verstehen; wir sollten den Sprechenden erkennen. Wir sollten nicht wünschen, die Tat zu verstehen; wir sollten den Täter erkennen. Wir sollten nicht wünschen, den Verstand zu verstehen; wir sollten den Denkenden erkennen.« Wir sollten also nicht Frieden, Licht, Glückseligkeit und Kraft zu verstehen wünschen, sondern die lebendige Verkörperung des Friedens, des Lichts, der Glückseligkeit und der Kraft erkennen. Derjenige, der sie verkörpert, kann diese göttlichen

Eigenschaften in aufrichtigen, strebsamen Seelen zum Vorschein bringen. Er hat die Fähigkeit, die Suchenden zu inspirieren; gleichzeitig kann er beträchtlich dabei helfen, das schlummernde Bewußtsein der menschlichen Seelen zu erwecken. Er ist es schließlich, der die Reise des Suchers beschleunigt.

Das Ende aller Erkenntnis ist die Erkenntnis seines Selbsts. »Erkenne dich selbst« ist ein Ausspruch, mit dem Sie alle wohlvertraut sind. Wie können wir uns selbst erkennen? Indem wir die Hilfe von jemandem annehmen, der sich selbst bereits kennt. Er ist unser Lehrer. Er ist kein Schullehrer, er ist viel eher wie ein Privatlehrer. Ein Schullehrer prüft uns und läßt uns in der Prüfung durchkommen oder durchfallen. Doch ein Privatlehrer hilft uns, die Prüfung zu bestehen. Ein spiritueller Lehrer ist ein Privatlehrer, kein Schullehrer.

In der Baghavad-Gita, dem himmlischen Gesang, sagt Krishna seinem liebsten Freund und Schüler Arjuna: *Nimitta matram bhava savyasachin,* »werde zu einem reinen Instrument«. Der Mensch in Gott fühlt im Innersten seines Herzens, daß er nur ein Instrument ist. Er arbeitet für Gott. Er lebt für Gott. Er fühlt, daß Gottverwirklichung nicht genug ist. Er fühlt, daß die Manifestation Gottes hier auf der Erde von größter Wichtigkeit ist.

Viele haben das Höchste, die sich selbst transzendierende Wahrheit verwirklicht. Doch nur wenige schreien nach der Vervollkommnung der Menschheit. Nur sehr wenige versuchen, das Gesicht der Welt zu ändern. Die auserwählten Instrumente Gottes möchten Gott hier auf der Erde manifestieren. Sie kümmern sich nicht so sehr um irdisches ›gut‹ oder ›böse‹. Sie gehen über das sogenannte Gute und Böse hinaus. Sie kümmern sich nur um Gottes inneres Gebot. Sie hören ständig auf das Gebot ihres inneren Piloten und anerbieten dann der Menschheit aufgrund ihres untrennbaren Einsseins mit ihrem inneren Piloten ihren selbstlosen, ergebenen Dienst. Sie versuchen, der strebenden Menschheit göttliches Wissen zu vermitteln. Sie sagen der Menschheit auch, Gottverwirklichung sei nicht ihr alleiniges Monopol.

Jeder muß Gott, die sich selbst transzendierende Wahrheit verwirklichen. Jeder ist dazu bestimmt, die höchste Wahrheit zu verwirklichen. Doch derjenige, der nach dem Licht schreit, wird das Ziel natürlich schneller erreichen als derjenige, der immer noch tief schläft.

Wir müssen uns selbst gegenüber jeden Augenblick aufrichtig sein. Wollen wir Licht? Wollen wir Vollkommenheit? Oder möchten wir aus reiner Neugier ein bißchen Licht, ein bißchen Wahrheit haben? Solange wir nicht aufrichtig zu uns selbst, aufrichtig zu unserer inneren Suche sind, können wir das Gesicht der Wirklichkeit, der Erfüllung und der Vollkommenheit nie, nie sehen.

Wenn wir wirklich das innere Licht wollen, wenn wir wirklich das innere Verlangen haben, Gott von Angesicht zu Angesicht zu sehen, dann kann es nichts geben, weder auf der Erde noch im Himmel, das uns dieses innerste Verlangen, das Verlangen unserer Seele, vorenthalten kann. Jeder Mensch besitzt beschränkte Freiheit. Diese Freiheit kann man entweder dazu benützen, zu streben oder zu wünschen. Wenn wir wünschen, wird unsere Wissens-Sonne zweifellos von dunklen Wolken verdeckt werden. Wenn wir streben, wird uns Gott als innerer Pilot anleiten, schnell, schneller, am schnellsten zum uns vorausbestimmten Ziel, zum Ziel des Jenseits zu gelangen.

Wenn wir in das spirituelle Leben eintreten, erkennen wir, daß unsere Reise kein Ende hat. Heute glauben wir vielleicht, dies sei das Ziel, wonach wir geschrien haben. Doch wenn wir tief in uns gehen, spüren wir, daß das Ziel von heute der Startpunkt von morgen sein wird.

Gott ist in allem. Wir müssen Gott in allem sehen, Gott in allen und jedem fühlen. Doch dies ist nicht genug: Wir müssen erkennen, daß unsere Erkenntnis kein Ende hat. Jeden Augenblick müssen wir fühlen, daß wir mit unserer höchsten Verwirklichung dem ewig sich selbst transzendierenden Jenseits entgegengehen.

Das Ende allen Wissens ist das Gott-Wissen. Wir müssen Gott sehen; dies ist das letzte Wissen. Man kann Gott auf drei Arten sehen: Wenn wir uns täglich sechs oder sieben Stunden lang auf Gott konzentrieren, können wir Ihn durch ein Fenster sehen. Wenn wir Gott durch eine offene Tür sehen wollen, müssen wir mindestens zwölf Stunden am Tag meditieren. Wenn wir jedoch

Gott von Angesicht zu Angesicht sehen möchten, wie Sie mich sehen und wie ich Sie sehe, dann müssen wir vierundzwanzig Stunden am Tag meditieren.

Gott ständig von Angesicht zu Angesicht zu sehen, ist der Beginn und die Blüte des sich selbst transzendierenden Wissens.

ICH BRAUCHE DICH NICHT

O Zeit und Raum,
Ich brauche euch nicht.
Mein Atem hat das Gesicht
Meines erhabenen Herrn gefangen.
O Tiefe und Höhe,
Ich brauche euch nicht.
Meine Seele hat das Licht
Der Wirklichkeit gekauft.
O goldenes Ziel,
Ich brauche Dich nicht.
Mein Herr hat die Seele
Meiner Reise gesucht.

DAS ZIEL DER VOLLKOMMENHEIT

Vollkommenheit ist die erfüllende Verwirklichung und die erfüllte Manifestation des Suchers. Alles hat auf der Erde bereits Fuß gefaßt – außer der Vollkommenheit, der vollkommenen Vollkommenheit.

Vollkommenheit ist der Baum. Vollkommene Vollkommenheit ist die Frucht.

Die Spekulation des Menschen über Vollkommenheit ist seine Unwissenheit. Die Konzentration des Menschen auf die Vollkommenheit ist sein Wissen. Die Meditation des Menschen auf Vollkommenheit ist sein welt-erleuchtendes, welt-verwandelndes inneres Auge.

Gottes Botschaft ist Vollkommenheit.
Die Botschaft des Menschen ist Versuchung.
Gottes Botschaft ist Vollkommenheit.
Die Botschaft des Menschen ist Frustration.
Gottes Botschaft ist Vollkommenheit.
Die Botschaft des Menschen ist Zerstörung.

Das Ziel der Vollkommenheit und die Freiheit der Seele gehen Hand in Hand. Wer die Ebene der Freiheits-Seele erreicht, hat sein inneres Leben besiegt und sein äußeres Leben unsterblich gemacht. Er ist das auserwählte Instrument Gottes. Er ist der direkte Kanal von Gott. Er vertritt Gott hier auf Erden.

Schreie und versuche.

Wenn wir danach schreien, das über sich selbst hinausschreitende Licht zu sehen und versuchen, unsere äußere Natur zu vervollkommnen, bleibt unsere Vollkommenheit kein ferner Schrei: Uns gehört die Vollkommenheit.

Gebrauche und beherrsche.

Wenn wir das Göttliche in uns gebrauchen und das Tierische in uns beherrschen, dann beginnt die Blume der Vollkommenheit in uns zu blühen.

Sehe und sei.

Wenn wir die Wahrheit durch Gottes Auge sehen und nicht durch unsere eigenen Augen, und wenn wir bewußt hingegebene Instrumente Gottes werden wollen; erblüht die Vollkommenheit in kürzester Zeit.
Das goldene All der Vollkommenheit winkt unserem strebenden Herzen zu.

Es ist wahr, daß man Vollkommenheit nicht über Nacht erreichen kann. Verwirklichung braucht Zeit; man kann sie nicht plötzlich erreichen. Lassen Sie mich eine Geschichte erzählen. Ein junger Sucher kam einmal zu einem spirituellen Meister, um initiiert zu werden. Er wurde vom Meister nach allen Regeln der Kunst initiiert. Am folgenden Tag sagte er zu seinem Meister: »Meister, du hast mich initiiert. Gib mir nun die Verwirklichung. Ich will Gott sehen.«
Der Meister sagte: »Glaubst du, man könne Gott in einem Tag verwirklichen?
Zwei Tage später sagte der Schüler wieder: »Ach, ich möchte Gott verwirklichen.«
Der Meister sagte: „Du bist nicht bereit."
Und wieder einige Tage später kam dieselbe Bitte: „Meister, ich will Gott verwirklichen."

Dieser Sucher hatte seine Aufgabe nicht vollendet. Er war noch nicht fest im spirituellen Pfad verwurzelt. Obwohl ihn der Meister erst vor ein paar Tagen initiiert hatte, schrie er bereits nach der Verwirklichung, ohne einer richtigen Methode zu folgen. Er wollte Gott verwirklichen, ohne im Meer der Strebsamkeit zu schwimmen. Der Meister ging im Ganges baden und lud diesen Schüler ein, mitzukommen. Als Schüler und Meister im Wasser waren, drückte der Meister den Kopf des Schülers einige Minuten lang unter Wasser und ließ ihn dann wieder los. Der Meister fragte: »Was hast du gefühlt, als ich deinen Kopf unter Wasser drückte?« – »Meister, ich war am Sterben. Ich habe nach Luft gerungen und ich glaubte, ich würde ertrinken. Sobald du mich losließest, erhielt ich mein Leben zurück.« Der Meister sagte: »Sobald du eine Bewußtseinsebene erreicht hast, wo du ohne Gott auch nicht eine Minute existieren kannst, wirst du Gott verwirklichen. Die innere Flamme tief in dir muß sich entzünden, und dann mußt du nach Gott schreien, wie ein Kind nach seiner Mutter schreit. Nur so kann man Gott verwirklichen.« Der Schüler begriff die Lektion. Er begann aufrichtig und seelenvoll, ein spirituelles Leben zu führen. Er hörte jeden Augenblick auf den Meister. Er stürzte sich von ganzem Herzen ins spirituelle Leben. Er fühlte die Notwendigkeit, von der Welt der Wünsche frei zu werden und in eine aufsteigende Flamme ständiger Strebsamkeit zu wachsen. Dann war die Verwirklichung für ihn kein ferner Schrei mehr; er verwirklichte Gott tatsächlich.

Wenn wir den Begriff *Himmel* brauchen, haben wir das Gefühl, der Himmel sei pures Licht, pure Wonne und Vollkommenheit. Doch wo ist dieser Himmel? Er ist tief in uns, in den innersten Winkeln unseres Herzens. Der hohe Himmel, der höhere Himmel und der höchste Himmel sind alle in uns.

Wenn wir unseren Brüdern und Schwestern unsere seelenvollen Gedanken anbieten, leben wir im hohen Himmel. Wenn wir der Menschheit die Ergebnisse unserer seelenvollen Taten anbieten, leben wir im höheren Himmel. Wenn wir schließlich der ganzen Menschheit unsere seelenvolle Existenz uneingeschränkt und bedingungslos anbieten, leben wir im höchsten Himmel.

Wir können jeden Tag im höchsten Himmel leben. Gott hat uns die Fähigkeit dazu gegeben. Er hat uns das innere Potential gegeben. Wir sind es, die dieses innere Potential, unsere innere Fähigkeit manifestieren müssen. Wir alle sind erfüllt von unbezähmbarem inneren Mut. Leider gebrauchen wir unsere innere, unbegrenzte Fähigkeit nicht. Wir gebrauchen stattdessen unsere äußere, begrenzte Fähigkeit. Wir fürchten uns davor, tief nach innen zu tauchen. In uns liegt der Schatz. In uns liegt der Schlüssel. Aber wir haben völlig vergessen, wohin wir den Schlüssel gelegt haben; und wissen nicht, wo der Schatz liegt.

An diesem Punkt begreifen wir die Notwendigkeit eines spirituellen Meisters, der weiß, wo Schlüssel und Schatz liegen. Ein spiritueller Meister gibt dem Sucher nichts von sich selbst. Er bringt nur den inneren Reichtum des Suchers zum Vorschein.

Gottverwirklichung ist nicht sein alleiniges Monopol. Jeder muß Gott verwirklichen. Es ist nur eine Sache der Zeit. Der eine verwirklicht Gott aufgrund seiner inneren Inspiration, ein anderer verwirklicht Gott aufgrund seiner aufrichtigen Strebsamkeit. Alle müssen Gott zu Gottes auserwählter Stunde verwirklichen. Aufrichtige Sucher können ihre Reise beschleunigen. Wir können unserem Ziel entgegengehen. Wir können unserem Ziel entgegenmarschieren. Wir können laufen, und wenn wir laufen, werden wir unser Ziel natürlich eher erreichen, als wenn wir gehen. Das Ziel heißt Vollkommenheit. Vollkommene Vollkommenheit muß hier auf der Erde manifestiert werden — doch wie? Wir müssen unsere Reise mit Inspiration beginnen. Wir müssen jeden Tag tief in uns, in all unseren Tätigkeiten die Notwendigkeit von Inspiration fühlen. Ohne Inspiration gibt es keine echte Errungenschaft. Dann müssen wir einen Schritt weiter gehen. Nach der Inspiration müssen wir die Notwendigkeit der Strebsamkeit spüren. Inspiration ist nicht alles. Wir müssen streben, um das goldene All zu erreichen, um das goldene Ufer des Jenseits und das ewig sich selbst transzendierende Jenseits zu sehen. Dies erwarten wir von der Strebsamkeit, der aufsteigenden Flamme in uns.

Aber auch Strebsamkeit ist nicht genug. Wir müssen meditieren. Strebsamkeit schließt Meditation in sich ein. Wenn wir meditieren, müssen wir fühlen, daß wir in die Unendlichkeit, Ewigkeit und Unsterblichkeit eintreten. Dies sind keine vagen Begriffe. Unendlichkeit, Ewigkeit und Unsterblichkeit sind unser wirklicher Besitz. Es ist unser Geburtsrecht, eines Tages unseren Besitz: Die Unendlichkeit, die Ewigkeit und die Unsterblichkeit, zu betreten. Wenn wir in unserer Meditation fortgeschritten sind, wenn die Meditation Früchte zu tragen beginnt, treten wir in das Reich der Verwirklichung ein. Wir verwirklichen die höchste Wahrheit in diesem Körper hier auf der Erde. Wir brauchen nirgendwo sonst hinzugehen, um Gott zu verwirklichen. Wir brauchen weder in die Höhlen des Himalayas zu gehen noch auf schneebedeckten Bergen zu sitzen, um Spiritualität zu praktizieren. Wir müssen die Erde so annehmen, wie sie ist. Wenn wir uns vor der Welt fürchten und vor ihr flüchten, dann wird Gottverwirklichung immer ein ferner Schrei bleiben. Wir müssen die höchste Wahrheit hier auf der Erde verwirklichen.

Doch selbst Verwirklichung ist nicht genug. Nach der Verwirklichung müssen wir unsere Verwirklichung enthüllen. Wenn wir unsere Verwirklichung nicht enthüllen, horten wir unseren Schatz wie ein alter Geizhals. Das ist nicht richtig. Wir müssen unsere Verwirklichung durch Enthüllung der Menschheit weitergeben.

Aber auch Enthüllung ist nicht genug. Nach der Enthüllung müssen wir in den Bereich der Manifestation eintreten. Wenn wir nicht manifestieren, was wir hier auf der Erde verwirklicht haben, wenn Mutter Erde nicht die Frucht unserer Verwirklichung erhält und wenn sie sie nicht für immer erhält, können wir nie wirklich erfüllt sein. Mutter Erde muß mit den Früchten unserer Verwirklichung genährt werden. Hier auf der Erde muß die Manifestation der Verwirklichung stattfinden und wenn diese Manifestation stattfindet, dämmert unweigerlich die Vollkommenheit. Vollkommene Vollkommenheit ist nichts anderes als die absolute Manifestation von Gottes transzendentalem Willen hier auf Erden.

Wir sind alle Sucher der unendlichen Wahrheit. Es ist unsere höchste Pflicht, hoch, höher, am höchsten hinaufzusteigen. Jeder Mensch ist mit der Botschaft der Vollkommenheit zur Welt gekommen. Kein Mensch auf der Erde wird unverwirklicht bleiben. Kein Mensch auf der Erde wird unerfüllt bleiben. Kein Mensch auf der Erde wird unvollkommen bleiben.

Verwirklichung, Erfüllung und Vollkommenheit sind drei Schwestern. Verwirklichung ist die jüngste, Erfüllung ist die mittlere und vollkommene Vollkommenheit ist die älteste in der Familie. Diese drei Schwestern müssen zusammen in der Welt der Strebsamkeit vorwärtsgehen. Sie müssen im Meer der Meditation schwimmen. Sie müssen im Himmel, im blauen Baldachin der Kontemplation fliegen.

Gott-Verwirklichung, Gott-Enthüllung und Gott-Manifestation können nur dann stattfinden, wenn der Mensch spürt, daß er über sich selbst hinausschreiten muß. Sein Ziel von heute ist nicht sein letztes Ziel. Das Ziel von heute ist der Grundstein von morgen. Jeden Augenblick müssen wir über uns selbst hinausschreiten und während wir über uns selbst hinausschreiten, werden wir tief in uns die Botschaft der Vollkommenheit erhalten.

Vollkommenheit wird zweifellos in all unseren Tätigkeiten aufblühen, sobald wir fühlen, daß Strebsamkeit das einzige ist, was wir brauchen, das einzige, nach dem wir streben.

In der Strebsamkeit allein liegt der Schlüssel, der letztlich die Türe der vollkommenen Vollkommenheit öffnen kann.

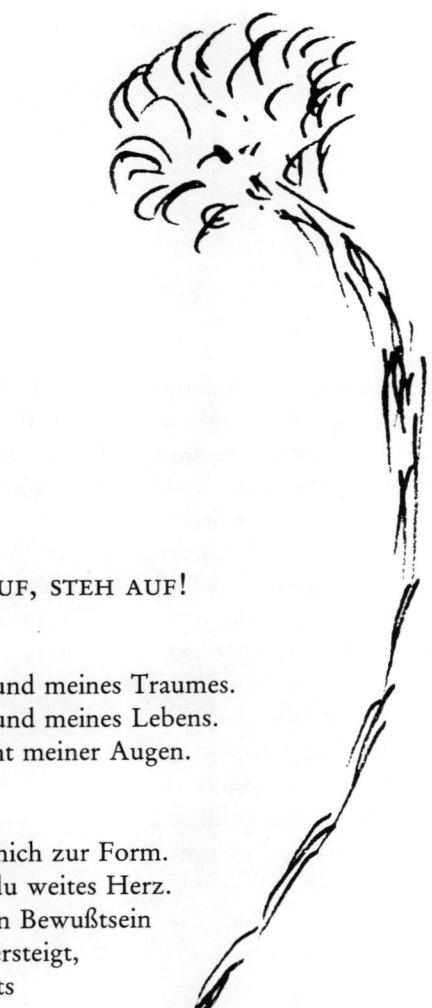

WACH AUF, STEH AUF!

Wach auf, steh auf, du Freund meines Traumes.
Wach auf, steh auf, du Freund meines Lebens.
Wach auf, steh auf, du Licht meiner Augen.

O Seher-Dichter,
Erhebe dich in mir durch mich zur Form.
Wach auf, steh auf in mir du weites Herz.
Wach auf, steh auf, du mein Bewußtsein
Das da ständig in mir weitersteigt,
Jenseits des Kosmos, jenseits
Deines Lebens im Jenseits.

Wach auf, steh auf, bergüberströmende
Form meiner Versenkung.
Wach auf, steh auf, gebundene Göttlichkeit des Menschen.
Wach auf, steh auf, Befreier meines Herzens, Shiva,
Und erwecke die Menschheit aus ihrem Schlaf des Nichtwissens.

Unser Körper ist begrenzt; deshalb hat der Körper Angst. Unsere Lebenskraft ist unbewußt; deshalb hat die Lebenskraft Angst. Unser Verstand ist dunkel; deshalb hat der Verstand Angst. Unser Herz strebt nicht; deshalb hat das Herz Angst.

Um unseren Körper von der Angst zu befreien, brauchen wir die glorreiche Erfahrung unserer Seele. Um unsere Lebenskraft von der Angst zu befreien, brauchen wir die bewußte und dynamische Ausdehnung der Seele. Um unseren Verstand von Angst zu befreien, brauchen wir die verwandelnde Erleuchtung unserer Seele. Um schließlich unser Herz von Angst zu befreien, brauchen wir die erfüllende Vollkommenheit unserer Seele.

Die Angst des Menschen erlaubt ihm nicht, das Gesicht der letzten Wirklichkeit zu sehen. Die Angst des Menschen erlaubt ihm nicht, das goldene Ufer des Jenseits zu erreichen. Die Angst des Menschen erlaubt ihm nicht, Gott und Gottes Willen zu erfüllen.

Doch Gott, der Ursprung alles Guten, hat grenzenloses Mitleid, Anteilnahme und Liebe für die Menschheit.

Gottes Mitleid rettet den Menschen.
Gottes Anteilnahme befreit den Menschen.
Gottes Liebe erfüllt den Menschen.

Wenn wir unbewußt an Angst denken oder Angst haben, schüttelt uns die Angst lächelnd die Hand. Wenn wir bewußt an Angst denken, oder Angst haben, umarmt sie uns triumphierend. Doch wenn wir unbewußt an unseren inneren Mut denken, dann schreit Gott mit Seinem göttlichen Schrei, denn Er fühlt, daß Er hier ein auserwähltes Instrument hat.

Die Erde fürchtet sich vor dem sich selbst transzendierenden Licht des Himmels. Der Himmel fürchtet sich vor der abgrundtiefen Unwissenheit der Erde. Gott sagt zur Erde:»Benimm dich nicht wie eine Närrin. Das über sich selbst hinausschreitende Licht des Himmels wird dich nicht blenden. Das Licht des Himmels wird dich nicht bloßstellen. Im Gegenteil, das Licht des Himmels wird dich erleuchten. Das Licht des Himmels wird dich verwandeln.«

Gott sagt zum Himmel:»Sei kein Narr. Die abgrundtiefe Unwissenheit der Erde kann dich nicht binden, kann dich nicht zerstören. Im Gegenteil, die Unwissenheit der Erde wird dir angeboten werden. Du wirst das Gesicht der Erde verwandeln.«

Gott sagt:»Ich brauche euch beide – Himmel und Erde.

Himmel! Du wirst der Erde die Botschaft der Verwirklichung geben.

Erde! Du wirst dem Himmel die Botschaft der Manifestation, Meiner göttlichen Manifestation geben.«

Angst entspringt unserer tiefverwurzelten Unwissenheit. Wir sehen das Licht nicht mit unserer inneren Schau. Wir sehen das Licht mit unserem äußeren menschlichen, begrenzten, erdgebundenen Verständnis.

Sobald Licht in unser physisches Bewußtsein dringt, wird in unserem menschlichen Leben jede Angst verschwinden. Es fehlt uns an Licht; deshalb dringt die Angst jeden Augenblick bewußt und vorsätzlich in unser Begierde-Leben und in unser Strebsamkeits-Leben ein.

Wenn wir aufrichtig tief in uns tauchen und fühlen, daß der innere Mut uns gehört, dann kann er jeden Augenblick in uns dämmern. Der innere Mut sehnt sich danach, zum Vorschein zu kommen. Diesen inneren Mut zum Vorschein zu bringen, bedeutet das bewußte Erwachen unseres inneren Wesens. Jeder hat dieses innere Wesen. Leider wollen nur wenige dieses innere Wesen nähren. Wir nähren unseren Körper, um ihn zu stärken. Wir studieren Bücher um unseren Verstand zu nähren. Wir tun so vieles, um unser äußeres Wesen zu stärken, doch um unser inneres Wesen zu nähren, machen wir praktisch nichts.

In unserer inneren Existenz können wir uns einen eisernen Willen aneignen. Er steht uns ohne weiteres zur Verfügung. Wenn wir unseren eisernen Willen gebrauchen, treffen wir den Lebensnerv der Angst. Damit unser innerer, eiserner und unbezähmbarer Wille hier auf der Erde herrschen kann, müssen wir uns des göttlichen Lichts, das uns gehört, bewußt werden. Es ist unser Geburtsrecht, dieses innere Licht zu verwirklichen und zu erfüllen.

Wenn wir im strahlenden Glanz unserer Seele leben, kann es keine Angst, keinen Schimmer von Angst geben. Um ständig im göttlichen Glanz unserer Seele zu leben, brauchen wir nur eines: einen bewußten inneren Schrei. Diesen inneren Schrei nennt man Strebsamkeit, die aufsteigende Flamme tief in uns. Wenn diese Flamme aufwärts zum Höchsten steigt, erleuchtet sie alles um sich herum: Dunkelheit wird in Licht verwandelt, Furcht in Stärke, Zweifel in Sicherheit, Unwissenheit in Wissen und Tod in Unsterblichkeit.

MEINE SEELE IST DER SPIELER

Mein Gedanke ist der Zweifel
Mein Verstand der Zweifler.
Mein Gefühl ist die Liebe,
Mein Herz der Liebende.
Mein Wunsch ist die Zerstörung,
Meine Lebenskraft der Zerstörer.
Meine Unwissenheit ist der Schlaf,
Mein Körper der Schlafende.
Mein Wille ist das Spiel,
Meine Seele der Spieler.

OKKULTISMUS

Okkultismus ist eine Kunst, eine innere Kunst. Okkultismus ist eine Wissenschaft, eine äußere Wissenschaft. Okkultismus als Kunst erweckt und inspiriert unser Leben. Okkultismus als Wissenschaft stärkt und stimuliert unser äußeres Leben. Ein großer Okkultist ist ein dynamischer Athlet. Er kämpft gegen Zweifel. Er kämpft gegen Unreinheit. Er kämpft gegen Unvollkommenheit.

Wer ein Okkultist, ein göttlicher Athlet sein will, muß sein Lebensboot zwischen den Ufern der Selbst-Beobachtung und Selbst-Verbesserung im Fluß der Emotion segeln lassen. Das heißt, die menschliche Emotion muß gezügelt und zur göttlichen Emotion vervollkommnet werden. Die göttliche Emotion gibt uns das Gefühl, daß wir in Gott, mit Gott und für Gott sind. Menschliche Emotion bindet uns, und wir versuchen, mit Hilfe dieser Emotion andere zu binden. Hier spielen wir das Spiel des Besitzens: Wir wollen besitzen und besessen werden. Doch göttliche Emotion ist etwas anderes. Hier dehnen wir unser Bewußtsein aus. Wir verwandeln unser erdgebundenes Leben in ein unendliches Meer von Licht.

Ein Okkultist besitzt einen universellen Verstand. Dieser Verstand ist sein Wachturm. Dazu besitzt er ein Auge, das wir das *dritte Auge* nennen. Neben den zwei gewöhnlichen Augen haben wir alle ein drittes Auge, das sich zwischen und ein wenig oberhalb der beiden Augenbrauen befindet. Dieses Auge ist das Auge der inneren Schau. Ein Okkultist benützt dieses Auge als dynamische, erfolgreiche und effektive Waffe.

Ein Okkultist hat einen inneren und einen äußeren Namen. Sein innerer Name ist unentwegte, unerschütterliche Konzentration. Sein äußerer Name ist dynamische Offenbarung.

In unserem spirituellen Leben haben wir zwei Brüder: Okkultismus und Spiritualität. Okkultismus lehrt uns, im Schlachtfeld des Lebens flink und tapfer zu sein. Spiritualität lehrt uns, in allen Sphären und Tätigkeiten des Lebens rein und sicher zu sein. Okkultismus will Zeit und Raum besiegen. Spiritualität will Dunkelheit und Unwissenheit besiegen. Wenn Okkultismus Zeit und Raum besiegen will, so will er es im Handumdrehen tun. Wenn Spiritualität Dunkelheit und Unwissenheit besiegen will, tut sie es zu Gottes auserwählter Stunde.

Im Okkultismus spielt die Kraft eine große Rolle. Leider ist der Okkultismus im Westen einem Mißverständnis zum Opfer gefallen. Im Westen hat die schwarze Magie die Rolle des Okkultismus übernommen. Echter Okkultismus wird nie jemanden zerstören oder jemandem Leid antun. Doch schwarze Magie, die niederste Form des Okkultismus, hat enorm viele Probleme mit sich gebracht. Ich persönlich habe sechs oder sieben Leute gekannt, die der schwarzen Magie zum Opfer gefallen sind. Sie waren auf gnadenlose Weise von schwarzen Magiern angegriffen worden. Sie kamen zu mir und baten um Hilfe; ich half ihnen, und jetzt sind sie frei. Man verfällt leicht dem Glauben, all dies sei durch wirkliche okkulte Kraft geschehen. Wirkliche okkulte Kraft jedoch würde keine solchen Probleme verursachen. Es ist die schwarze Magie im Bereich der niedersten Lebensenergie, die all diese Probleme in die Welt setzt.

Wenn ein Okkultist in der Seele lebt und für die Seele arbeitet, ist er ein göttlicher Okkultist. Doch wenn ein Okkultist im Vitalen und für die Erfüllung des Vitalen — des niederen Vitalen, des emotionalen Vitalen, des unreinen Vitalen — lebt, dann lebt er nicht für die Seele. Er lebt, um sein eigenes Ego zu befriedigen, das ungöttlich, unreif, dunkel, unrein und schlecht ist.

Ein aufrichtiger Sucher nach Wahrheit und Licht wird nicht nach okkulten Kräften schreien. Jeder muß Gott verwirklichen, doch wenn jemand sagt, okkulte Kräfte seien notwendig, um Gott zu verwirklichen, dann macht er einen bedauerlichen Fehler.

Gottverwirklichung ist von größter Wichtigkeit. Wenn man Gott verwirklicht und Gott einem okkulte Kraft geben will, wird man sie nicht mißbrauchen können. Ein aufrichtiger Sucher wird nur nach Gottes Licht, nach Gott-Verwirklichung und Gott-Erfüllung schreien. Er wird nie nach okkulter Kraft schreien. Sie kennen alle den großen spirituellen Meister Sri Ramakrishna. Sein liebster Schüler war Swami Vivekananda. Der große Meister sagte einmal zu seinem liebsten Schüler: »Naren, ich habe eine ganze Reihe okkulter Kräfte. Ich möchte dir einige meiner okkulten Kräfte geben.« Der Schüler fragte sofort seinen Meister: »Bitte sag mir, werden mir diese okkulten Kräfte helfen, Gott zu verwirklichen?« Der Meister sagte: »Oh nein. Okkulte Kraft hat mit Gottverwirklichung nichts zu tun. Doch wenn du hier auf der Erde arbeiten willst, dann können dir okkulte Kräfte von Nutzen sein.« Dann sagte Vivekananda: »Nein, ich will zuerst Gott verwirklichen. Das wichtigste kommt zuerst.«

Im spirituellen Leben wird also ein wirklicher spiritueller Sucher nicht nach dieser Art okkulter Kraft schreien. Er wird nur nach der Gottverwirklichung schreien. Und wenn Gott will, daß der Betreffende für Ihn arbeite, wird ihm Gott natürlich spirituelle Kraft, innere Kraft geben, um Ihn hier auf der Erde zu manifestieren.

Wenn man sich wirklich nach Gott sehnt, wenn man wirklich die transzendentale Wahrheit erreichen will, muß man Yoga machen. Yoga bedeutet Vereinigung mit Gott. Sobald wir mit unserem göttlichen, unbegrenzten Bewußtsein bewußt und untrennbar eins werden, können wir unsere höchste Wirklichkeit sehen, sie fühlen und in sie wachsen. Die Manifestation dieser Wirklichkeit ist unser Geburtsrecht.

Wir können stets zwei Gegensätze beobachten: Die Macht der Liebe und die Liebe zur Macht. Wenn wir in die niederste Form des Okkultismus eintreten, sehen wir die Liebe zur Macht. Wir müssen nicht sehr weit gehen, um die Liebe zur Macht in der Politik zu sehen, und in unserem Alltag ist sie ebenfalls allgegenwärtig. Die Macht der Liebe ist etwas anderes. In der Macht der Liebe ist es die Liebe, die süße, göttliche und bedingungslose Macht ausübt. Dies ist die Macht der Liebe.

Ein spiritueller Mensch, ein aufrichtiger Sucher nach der Wahrheit, wird sich nur um die Macht der Liebe und nicht um die Liebe zur Macht kümmern. Wer eins ist mit Gott, mit dem unendlichen Bewußtsein, wird die Macht der Liebe sehen. Jene jedoch, die der Welt ihre Fähigkeit zeigen und die Macht ihres Egos ausspielen wollen, werden natürlich ihre Liebe zur Macht pflegen.

Wenn die Macht der Liebe die Liebe zur Macht ersetzt, wird der Mensch einen neuen Namen haben: Gott.

DAS INNERE VERSPRECHEN

Das innere Versprechen ist der innere Fortschritt eines Suchers. Dieser Fortschritt inspiriert ihn; er schenkt ihm Kraft und hilft ihm, Gott auf Gottes eigene Weise zu gefallen. Äußere Versprechen geben wir häufig, doch das innere Versprechen geben wir nur einmal oder zweimal während eines ganzen Lebens. Äußere Versprechen geben wir, doch das innere Versprechen halten wir; wir versuchen es in unserem Leben zu verwirklichen und es schließlich auf der Erde zu manifestieren.

Äußere Vesprechen geben wir der Unwissenheit, der übermächtigen Unwissenheit. Das innere Versprechen geben wir Gott. In unserem äußeren Versprechen verpflichten wir uns, die Welt bewußt oder unbewußt zu quälen oder gar zu zerstören. Das Gesicht der Welt zu ändern und die Welt mit dem göttlichen Willen zu erfüllen – dies ist unser inneres Versprechen, das wir Gott gegeben haben. Auf dem Weg zu diesem inneren Versprechen gibt es drei bedeutsame Schritte:

Gott muß gesehen werden.
Gott muß gefühlt werden.
Gott muß verwirklicht werden.

Um Gott zu sehen, müssen wir uns von den Fesseln der Dunkelheit und der Unwissenheit fernhalten. Um Gott zu fühlen, müssen wir im Bereich der Strebsamkeit – der aufsteigenden Flamme in uns – leben. Um Gott zu verwirklichen, müssen wir in die göttliche, ständige und höchste Selbsthingabe hineinwachsen.

Nachdem wir die Gott-Verwirklichung erreicht haben, gibt es zwei weitere äußerst bedeutende Versprechen, die wir machen müssen. Die Versprechen sind Gott-Enthüllung und Gott-Manifestation.

Gott-Enthüllung ist das Versprechen, das gottverwirklichte Seelen aufgrund ihrer bedingungslosen Anteilnahme für die leidende Menschheit geben. Gott-Manifestation ist das bedingungslose Versprechen der gottverwirklichten Seelen, die Menschheit bedingungslos zu lieben und die Wirklichkeit der Göttlichkeit hier auf der Erde zu manifestieren.

Im spirituellen Leben geben viele Sucher ein inneres Versprechen und gehen eine innere Verpflichtung ein. Sie sagen, sie würden ins spirituelle Leben eintreten und dem Leben der Reinheit, dem Leben der Strebsamkeit und dem Leben der Verwirklichung größte Wichtigkeit beimessen; aber leider können sie ihr Versprechen nicht halten. Gottes grenzenloses Mitleid jedoch verläßt sie nie. Mit Seinem diamantenen Willen und Seiner Schau des ewig sich transzendierenden Jenseits sieht Gott, daß diese Sucher früher oder später auf den richtigen Pfad kommen und zum vorausbestimmten Ziel gehen, marschieren und laufen werden.

Es gibt aber auch gewisse fortgeschrittene Sucher, die in ihrem inneren Leben beträchtlichen Fortschritt gemacht und die ihrem eigenen inneren Wesen und Gott ein Versprechen gegeben haben, daß sie ihre spirituelle Suche oder Reise nicht aufgeben werden, bis sie Gott verwirklicht haben. Gottverwirklichung ist ihr einziges Ziel. Doch zu ihrem großen Unglück wollen sie nicht mehr weitergehen, nachdem sie gewisse höhere Erfahrungen gemacht haben. Sie haben das Gefühl, diese bereits erworbenen Erfahrungen seien zumindest für dieses Leben mehr als genug. Und so wollen sie nicht mehr weitergehen. Gott-Verwirklichung brauchen oder wollen sie an diesem Punkt nicht; somit bleibt Gott-Verwirklichung für sie ein Wunschtraum.

Doch Gott weiß, daß diese Sucher mit größter Aufrichtigkeit begonnen und beträchtlichen Fortschritt gemacht haben, auch wenn sie jetzt nicht mehr ihr vorausbestimmtes Ziel erreichen wollen und sich nicht mehr um die fernsten Gestade des goldenen Ufers kümmern.

So betrachtet Gott in Seinem grenzenlosen Mitleid die Situation abermals und sagt den Suchern:»Schaut, ihr werdet nie erfüllt sein. Ihr werdet das Gesicht der Erfüllung nie sehen, bis ihr das goldene Jenseits gesehen habt. Ihr habt euer Versprechen nicht gehalten. Doch Mein Versprechen an euch ist bedingungslos. Ich werde auf euch warten. Ich werde euch zu Meiner auserwählten Stunde zum vorausbestimmten Ufer des goldenen Alls führen und tragen. Wenn ihr nicht schnell, schneller, am schnellsten laufen wollt, ist das eure Sache; doch ihr müßt wissen, daß niemand hier auf der Erde unverwirklicht und unerfüllt bleiben kann.«

Jeder einzelne muß die höchste Wahrheit verwirklichen, doch derjenige, der danach strebt, wird das Ziel natürlich schneller erreichen als andere, die sich immer noch in der Welt des Schlafes befinden. Jeder hier auf der Erde hat etwas zu bieten – Frieden, Licht, Glückseligkeit, Aufrichtigkeit, Einfachheit. Es gibt niemanden auf der Erde, der nicht in der Lage wäre, anderen Menschen zu helfen. Diese Hilfe, dieser Dienst – wenn ich diesen Ausdruck»Dienst« gebrauchen darf – kann jeder einzelne hier auf der Erde leisten.

Wenn jemand das Gefühl hat, er sei aufrichtiger als jemand anders, dann soll er doch seine Aufrichtigkeit mit andern Menschen teilen. Wenn jemand das Gefühl hat, er sei rein, reiner als jemand anders, reiner als seine Nachbarn und Freunde, dann soll er doch seine Reinheit mit den andern teilen. Wenn jemand das Gefühl hat, er habe Strebsamkeit, mehr Strebsamkeit als seine Freunde oder Nachbarn, dann soll er dies doch mit den andern teilen.

Das ist das Versprechen, das wir Gott jeden Augenblick geben können.

Wir werden dann erkennen, daß die Seele jedesmal, wenn sie in das Feld der Schöpfung und Manifestation eintritt, Gott dem höchsten Piloten ein feierliches Versprechen gibt, ihr bestes zu versuchen, um Gott hier auf der Erde zu enthüllen. Doch wenn die Seele in die Welt eintritt, versucht das Unwissenheits-Meer, die Seele zu bedecken, und dann erhalten der Körper, die Lebenskraft, der Verstand und das Herz bewußt oder unbewußt Spaß an der Identifikation mit dem Unwissenheits-Meer. Doch die Seele ist reine Vergebung. Sie wirft den Körper, die Lebenskraft, den Verstand und das Herz nicht beiseite. Sie hat grenzenlose Geduld. Wenn dieser Körper, diese Lebenskraft, dieser Verstand und dieses Herz mit der Seele eins werden und die Wahrheit mit den Augen der Seele sehen wollen und das ihr inneres und einziges Versprechen ist, dann ist der Zeitpunkt der Gott-Verwirklichung, der Gott-Enthüllung und der Gott-Manifestation auf der Erde nicht mehr sehr weit entfernt.

Jeder einzelne kann sich selbst und der Menschheit als ganzes ein feierliches Versprechen ablegen: Das Versprechen, ergeben zu dienen. Und wenn er sein inneres Versprechen erfüllt, erfüllt Gott Sein höchstes Versprechen der absoluten Vollkommenheit in und durch den strebenden Menschen.

BEKEHRE NICHT UND
LASS DICH NICHT BEKEHREN

Bekehre nicht.
Laß ihn seinen eigenen Weg gehen.
Du mußt deinen eigenen Weg gehen.
Bekehre nicht.
Seine Widerstands-Nacht
Wird deine innere Freude verschlingen.
Laß dich nicht bekehren.
Deine Widerstands-Nacht
Wird seine innere Freude verschlingen.
Gott wird Seine Freiheit bitten,
Dich zu lieben.
Gott wird deine Freiheit bitten,
Ihn zu nähren.
Bekehre nicht,
Laß dich nicht bekehren.

Die innere Lehre

Wir erhalten die innere Lehre entweder von einem spirituellen Meister oder von unserer eigenen Seele. Es ist unendlich viel leichter für uns, die innere Lehre von einem spirituellen Meister zu erhalten, denn wir können jeden Tag mit ihm sprechen und ihn sehen. Er versteht unsere Sprache. Er ist eins mit uns. Obwohl er uns in der inneren Welt unendlich weit überlegen ist, ist er in uns und für uns. Sein inneres Bewußtsein ist überflutet von Frieden, Licht und Glückseligkeit. Doch wir müssen uns bewußt sein, daß der Tag kommen muß, an dem die Botschaft der Seele und die Lehre des spirituellen Meisters Hand in Hand gehen werden. Zwischen ihren Lehren kann es keinen Unterschied, nicht den geringsten Unterschied geben.

Bis man die Fähigkeit hat, tief in sich hineinzutauchen, ist es immer besser und sicherer, auf seinen Meister zu hören. Nicht, daß wir unser ganzes Leben hindurch einen spirituellen Meister haben müssen. Nein. Eine gewisse Zeitlang, vor allem am Anfang, brauchen wir einen spirituellen Meister. Wenn der Sucher selbst die höchste Wahrheit verwirklicht hat, dann benötigt er keine spirituelle Führung mehr. Er wächst selbst in leuchtendem Licht. Die innere Seele in ihm kommt zum Vorschein, führt ihn, leitet ihn, formt ihn und vervollkommnet seine innere und äußere Natur.

Die innere Lehre lehrt uns, wie wir die Menschheit lieben und wie wir dem Göttlichen in der Menschheit dienen können. Einfachheit, Aufrichtigkeit und Reinheit – dies sind die drei Dinge, die wir in unserem inneren Leben brauchen.

Einfachheit brauchen wir jeden Augenblick, denn wenn der Verstand nicht einfach, sondern kompliziert und komplex ist, kann es keinen Frieden geben. Ein Kind ist einfach. Es ist voller Freude. Doch leider schenken wir in unserem täglichen Dasein der Einfachheit keine Aufmerksamkeit. Wenn wir tief in uns gehen, wenn wir einen einfachen Verstand, ein einfaches Dasein haben, werden wir fühlen, wie glücklich wir eigentlich sind.

Aufrichtigkeit ist das Leben unseres Herzens. Wenn wir Aufrichtigkeit besitzen, marschieren wir bereits auf unser vorausbestimmtes Ziel zu. Aufrichtigkeit ist unser Beschützer. Ein aufrichtiger Sucher läuft jeden Augenblick bewußt oder unbewußt seinem vorausbestimmten Ziel entgegen. Wenn wir hier auf der Erde ständig Fortschritte machen wollen, brauchen wir ein aufrichtiges Herz.

Reinheit. Reinheit bedeutet nicht, daß wir zehnmal am Tag ein Bad nehmen müssen. Nein. Wir brauchen innere Reinheit, nicht äußere Reinlichkeit. Wenn wir rein sind, können wir den göttlichen Frieden, das göttliche Licht, die göttliche Glückseligkeit und Kraft in großem Maße empfangen. Wenn wir unsere Reinheit aufrechterhalten können, können Friede, Freude, Glückseligkeit und Kraft auf der Erde Wurzeln schlagen.

Was lernen wir von der inneren Lehre? Strebsamkeit. Strebsamkeit ist die innere Flamme, der aufsteigende Schrei in uns. Jeder einzelne besitzt in uns diese brennende Flamme. Doch leider nehmen sich die meisten von uns nicht die Mühe, diese Flamme der Strebsamkeit zu gebrauchen. Wir gebrauchen in unserem täglichen Leben zu gerne etwas anderes: Begierde.

Begierde ist etwas, das uns bindet.
Strebsamkeit ist etwas, das uns befreit.

Die Botschaft der Begierde ist es, zu besitzen und besessen zu werden. Die Botschaft der Strebsamkeit ist es, uns auszudehnen, uns zu erweitern und unsere irdische Existenz unsterblich zu machen.

Wenn wir begehren, leben wir in der Welt von Sorgen, Kummer, Frustrationen, Begrenzungen, Knechtschaft und Tod. Wenn wir streben, leben wir hier auf der Erde in unserem göttlichen Bewußtsein. Wir fühlen die Botschaft, den Lebensatem der Unendlichkeit, der Ewigkeit und der Unsterblichkeit. Unendlichkeit, Ewigkeit und Unsterblichkeit sind keine vagen Begriffe. Wer täglich betet, meditiert, sich konzentriert und kontempliert, kann leicht in den Bereich der Unendlichkeit, der Ewigkeit und der Unsterblichkeit eintreten. Sein Bewußtsein wird unweigerlich vom Frieden der Unendlichkeit, vom Licht der Ewigkeit und der Unsterblichkeit überflutet.

Das äußere Wissen sagt uns, wie wir die Welt beherrschen und die Welt zerstören können. Das innere Wissen sagt uns, wie wir mit Gottes gesamter Schöpfung untrennbar eins sein können. Die innere Lehre bedeutet untrennbares Einssein nicht nur mit dem Schöpfer, sondern auch mit Seiner Schöpfung.

Die innere Lehre ist sehr einfach. Die wirkliche indische Philosophie ist nicht kompliziert, doch die Menschen haben sie kompliziert gemacht und dann falsch verstanden. Jeder kann das innere Leben lernen, kann versuchen, das innere Leben zu leben, kann seine innere Existenz, seine göttliche Existenz hier auf der Erde erfüllen.

Doch wir müssen das innere Einssein, das untrennbare Einssein mit Gott und seiner Schöpfung kennenlernen. Wir können dieses Einssein nur durch richtiges Gebet, Konzentration, Meditation und Kontemplation bewußt erreichen. Yoga geht über alle Religionen hinaus. Die Religion ist auf ihre eigene Weise richtig. Philosophie ist auf ihre eigene Weise richtig. Philosophie kann uns bis zur Tür bringen. Religion kann uns ein paar Schritte in den Raum hineinführen, doch wirkliche Meditation und Spiritualität — Yoga — führt uns nicht nur bis zum Thron, sondern setzt uns direkt auf den Thron.

Wenn wir dem Pfad des Yogas folgen, werden wir sehen, daß es keinen Streit, keinen Konflikt mehr gibt. Ich muß hier jedoch beifügen, daß man denjenigen Pfad gehen muß, der für einen bestimmt ist. Sonst werden Konflikte entstehen. Jeder Weg beansprucht, bei weitem der beste zu sein. Ein aufrichtiger Sucher — falls er wirklich ein aufrichtiger Sucher ist — wird an keinem Pfad etwas auszusetzen haben.

Unsere innere Lehre sagt uns zwar, daß viele Wege zu dem für uns vorbestimmten Ziel – Gott – führen. Wir können jedoch auch Abkürzungen nehmen. Der Pfad der Liebe, der Ergebenheit und der Selbsthingabe führt uns viel schneller an unseren Bestimmungsort als andere Pfade.

Wenn wir dem Weg der Liebe folgen, wird unser inneres, spirituelles Leben uns zutiefst erfüllen. Hier ist uns Gott nicht am nächsten, weil Er allmächtig, allgegenwärtig oder allwissend ist, sondern weil Er reine Liebe ist. Wenn wir uns Gott durch Liebe nähern, sehen wir, daß Er reine Liebe ist. Und wenn wir unsere Augen öffnen und versuchen, Ihn anzuschauen, sehen wir, daß Er unmittelbar vor uns steht, uns umarmt und uns segnet. Er sagt: »Mein Kind, die ganze Zeit habe Ich auf dich gewartet.« Hier bedeutet Liebe das ständige Gefühl untrennbaren Einssein mit dem Geliebten.

Das Ziel jeder inneren Lehre ist Liebe, und zwar göttliche Liebe, nicht menschliche Liebe. Menschliche Liebe bindet; das Resultat ist Frustration, und auf Frustration folgt Zerstörung. Göttliche Liebe jedoch ist Ausdehnung, Erweiterung, das Gefühl wahren Einsseins. Wenn wir also einen Menschen lieben, müssen wir uns bewußt sein, daß wir ihn deshalb lieben, weil sich in ihm Gott offenbart und nicht, weil er mein Bruder, meine Schwester, mein Vater oder meine Mutter ist. Nein. Ich liebe den Betreffenden, weil ich in ihm die lebendige Gegenwart meines liebsten Geliebten fühle und sehe.

In der göttlichen Liebe erblüht die wirkliche Erfüllung und die vollkommene Vollkommenheit des Suchers. Dies ist der leichteste Weg, denn Liebe ist völlig überzeugend und zutiefst wirksam. Wir alle können die innere Lehre praktizieren, indem wir unsere wahre Liebe Gott, der Göttlichkeit in der Menschheit offenbaren. Je mehr wir diese göttliche Liebe anbieten, desto mehr erfüllen wir den inneren Piloten in und um uns.

Göttliches Leben hier auf der Erde ist kein Wunschtraum. Die Erfüllung der Göttlichkeit auf der Erde kann nie ein weit entfernter Schrei bleiben, wenn wir das Geheimnis aller Geheimnisse kennen. Das Geheimnis besteht darin, in göttliche Liebe hineinzuwachsen, wo der Liebende und der Geliebte eins werden, wo die

Schöpfung und der Schöpfer eins werden, wo das Endliche und das Unendliche eins werden. Hier auf der Erde werden wir die Botschaft der seelenergreifenden Flöte der Unendlichkeit hören. Wir brauchen nicht in den Himmel zu gehen. Direkt vor uns, hier und jetzt, können wir die Botschaft der Befreiung, der Erleuchtung und der göttlichen Erfüllung hören, wenn wir der inneren Lehre folgen. Diese innere Lehre ist göttliche Liebe, Liebe um der Liebe willen, Liebe um Gottes willen.

EIN SYMBOL DES VERSPRECHENS

Jedes Leben ist eine reiche
    Schatzkammer
Voller Erfahrung.
Ich wage zu behaupten:
Wir leben nicht,
    Nicht
In einer Epoche
Chaotischen Zerfalls.
Ich ergründe die Tiefen
    Des Lichts
In jedem stillen Augenblick.
Jedes Leben
Ist ein Symbol des
    Versprechens,
Herströmend von einem Reich,
    Wo
Niemand ein Fremdling,
    Niemand unwillkommen ist,
Wo Liebe für den Einen blüht
Und Wahrheit für die Vielen.

Neugier oder Notwendigkeit

Neugier ist nicht Notwendigkeit. Notwendigkeit ist nicht Neugier. Neugier und Notwendigkeit sind wie Südpol und Nordpol. Ein neugieriger Mensch will die Wahrheit nicht. Er braucht die Wahrheit nicht. Er will nur von andern hören, wie die Wahrheit aussieht. Bei seltenen Gelegenheiten will er vielleicht die Wahrheit aus großer Distanz betrachten. Aber er fürchtet sich davor, sich der Wahrheit persönlich zu nähern. Er befürchtet, die vulkanartige Kraft der Wahrheit zerstöre ihn und seine irdische Existenz, sobald er sich ihr nähere. Seine irdische Existenz ist reine Unwissenheit.

Neugier begeht zwei unverzeihliche Sünden. Sie erwürgt unsere spontane Liebe zum Licht, dem erleuchtenden Licht, das unser Leben verwandelt und uns befähigt, die höchste Wahrheit zu verwirklichen. Neugier läßt auch unsere innere Flamme erlöschen, die ein ganz normales und natürliches Feuerchen ist. Diese innere Flamme nennen wir Strebsamkeit. Je höher diese Flamme der Strebsamkeit steigt, desto eher erreichen wir die Gestade des goldenen Jenseits. Neugier fürchtet sich vor zwei Dingen: vor der höchsten Wirklichkeit und der höchsten Göttlichkeit. Wenn die Wirklichkeit, die sich selbst transzendierende Wirklichkeit die Neugier betrachtet, läuft die Neugier sofort weg und versucht sich in ein Versteck zu flüchten, denn sie hat Angst, bloßgestellt zu werden. Wenn Göttlichkeit die Neugier betrachtet, verflucht die Neugier die Göttlichkeit in ungeheurer Furcht. Die Neugier hat das Gefühl, ein völliger Fremdling trete in ihren eigenen Lebensatem ein.

Neugier hat jedoch auch zwei intime Freunde: Zweifel und Eifersucht. Zweifel nährt die Neugier genau in dem Moment, wo der göttliche Friede, die Liebe, die Glückseligkeit und die Kraft des spirituellen Meisters der Menschheit bedingungslos helfen wollen. Eifersucht läßt die Neugier fühlen, daß sie den aufrichtigen Suchern nach dem unendlichen Licht weit unterlegen ist.

Die Eifersucht erlaubt der Neugier nicht, mit spirituellen Suchern Freundschaft zu schließen oder von ihnen spirituelle Hilfe anzunehmen. Die Eifersucht sagt:»Auch wenn der spirituelle Sucher oder Meister noch so groß ist, was solls? Laß mich doch im Sumpf der Unwissenheit stecken. Mir macht das nichts aus.« Eifersucht veranlaßt die Neugier zu bleiben, wo sie bereits ist.

Notwendigkeit ist Spiritualität und Spiritualität ist Notwendigkeit. Was ist Spiritualität? Spiritualität ist die gemeinsame Sprache von Mensch und Gott. Hier auf der Erde besitzen wir Hunderte und Tausende von Sprachen, um einander zu verstehen, doch zwischen Gott und dem Menschen gibt es nur eine Sprache, und diese Sprache ist Spiritualität. Wenn jemand auf dem Pfad der Spiritualität vorwärts geht, kann er ohne weiteres von Angesicht zu Angesicht mit Gott sprechen.

Göttliche Notwendigkeit ist der Drang, das Höchste zu sehen und das Tiefste zu fühlen. Heute sehen wir das Höchste, morgen fühlen wir das Tiefste und tags darauf wachsen wir in das Höchste und das Tiefste.

Gott ist nicht nur *eine* Notwendigkeit; Er ist *die* Notwendigkeit. Wie und warum ist Gott *die* Notwendigkeit? Wir wissen, daß uns alles auf die eine oder andere Weise enttäuscht hat oder enttäuschen wird. Doch Gott hat die aufrichtigen Sucher nach der unendlichen Wahrheit nie enttäuscht. Wenn wir wirklich nach der inneren Wahrheit, der unendlichen Wahrheit schreien, wird uns Gott nie enttäuschen.

Wir erwarten von der Menschheit Vollkommenheit, vollkommene Vollkommenheit. Hier auf der Erde ist niemand völlig vollkommen. Wie können wir also von jemandem vollkommene Vollkommenheit erwarten? Wir erwarten von menschlichen Wesen reine Göttlichkeit, doch reine Göttlichkeit ist für den einzelnen Menschen noch ein weit entfernter Schrei. Wenn wir die vollkommene Vollkommenheit, die reine Göttlichkeit sehen wollen, dann kann nur Gott sie uns zeigen. Er kann uns Seine höchste Göttlichkeit zeigen. Mehr noch, Er kann uns Seine vollkommene Vollkommenheit, seine höchste Göttlichkeit geben.

Die Begierde von heute zwingt uns, die Wahrheit – Gott – zu verneinen und ihr auszuweichen. Die Strebsamkeit von morgen wird uns zwingen Gott die Göttlichkeit, Gott den inneren Piloten zu sehen. Es gibt hier keine Wahl.

Was meinen wir also damit, wenn wir sagen, Gott sei die einzige Wirklichkeit, Gott sei die einzige Notwendigkeit? Wir meinen Gottverwirklichung oder Selbstentdeckung. Benützen wir den Ausdruck Gottverwirklichung. Gottverwirklichung ist nicht nur möglich, sondern praktisch erreichbar; mehr noch, sie ist etwas Unvermeidliches.

Wir kennen den äußeren Schrei. Mit dem äußeren Schrei fühlen wir uns erfüllt, wenn wir besitzen und besessen werden. Mit unserem inneren Schrei dehnen wir uns aus, weiten wir uns aus, erfüllen wir Gott hier auf der Erde. Notwendigkeit ist der größte Segen. Wir können die Tiefe der Notwendigkeit nicht ergründen.

Die Notwendigkeit des Menschen ist Gott.
Die Notwendigkeit Gottes ist der Mensch.

Der Mensch braucht Gott für seine höchste sich selbst transzendierende Verwirklichung, und er wird sie in Gott finden. Gott braucht den Menschen für Seine völlige Manifestation hier auf der Erde. Wir brauchen Gott, um die höchste Wahrheit oder höchste Existenz zu verwirklichen. Gott braucht uns, um Sich hier auf der Erde vollkommen, erhaben und göttlich zu manifestieren.

Ohne Gott verwirklicht zu haben können wir keinen tiefen Frieden, kein Licht, keine Glückseligkeit und Kraft besitzen. Gottverwirklichung ist hier eine absolute Notwendigkeit. Ohne Gott bleiben wir unverwirklicht, und Gott bleibt ohne den Menschen unmanifestiert.

Wenn wir ein spirituelles Leben führen und dem Pfad der Spiritualität entlanggehen, stoßen wir auf ein allgegenwärtiges, wichtiges Wort: *Opfer*. Wir müssen unsere eigene Existenz für die anderen opfern; wir müssen opfern, was wir haben und was wir sind. Was wir haben, ist Willigkeit, und was wir sind, ist Fröhlichkeit. Diese Fröhlichkeit können wir nur erhalten, wenn wir tief in uns gehen. Wenn wir innerlich fröhlich sind, sind wir äußerlich willig. Sobald unsere innere Existenz mit Freude und Wonne überflutet ist, werden wir voller Eifer sein, der äußeren Welt zu helfen. Wie können wir der Menschheit helfen oder ihr dienen, wenn wir in uns eine öde Wüste haben, wenn in uns kein Licht ist? Wenn wir aber innerlich Freude haben, können wir diese Freude heute oder morgen, früher oder später zum Vorschein bringen und sie der Menschheit anerbieten. Wir müssen die Menschheit seelenvoll lieben und ihr bedingungslos dienen.

Neugier ist nicht Notwendigkeit. Neugier ist nicht Spiritualität. Doch wir können nicht über Nacht aufrichtig werden. Wenn ich nicht aufrichtig bin, kann ich nicht von einem Augenblick auf den andern aufrichtig werden. Wenn ich die Wahrheit nicht verwirklicht habe, kann ich sie unmöglich über Nacht verwirklichen. Doch wenn ich aus reiner Neugier sehen möchte, was in den aufrichtigen spirituellen Suchern vorgeht, für die Gott die einzige Notwendigkeit ist, dann kann ich versuchen, selbst aufrichtig zu handeln, weil ich in ihnen etwas Göttliches und Erfüllendes sehe.

Gottverwirklichung ist von größter Wichtigkeit. Verrichten wir das Wichtigste zuerst, und das Wichtigste ist Gottverwirklichung oder Selbstentdeckung.

Wenn jemand also aus reiner Neugier zu einem aufrichtigen spirituellen Sucher oder Meister geht, sieht er vielleicht etwas, was er vorher nirgends gesehen hat. Ich habe Schüler und Bekannte, die mit sehr wenig Strebsamkeit zu mir kommen. Ich sage Ihnen: »Sorgt euch nicht. Es macht nichts, wenn ihr aus reiner Neugier zu mir gekommen seid. Verkehrt mit aufrichtigen Suchern. Schaut, was sie von ihrem aufrichtigen spirituellen Leben gewinnen können. Wenn ihr dann seht, daß ihr spirituelles Leben ihre Natur verändert oder ihnen neues Licht und Frieden gibt, wenn es ihrem äußeren Leben eine neue Bedeutung gibt, dann versucht ihrem Beispiel zu folgen. Versucht mit ihnen eins zu sein.«

Ich habe eine ganze Reihe völlig oberflächlicher neugieriger Menschen getroffen, die jetzt zu ernsthaften, aufrichtigen Suchern geworden sind. Die Wahrheit muß heute oder morgen verwirklicht werden, und es schadet nichts, wenn wir am Anfang nicht völlig aufrichtig sind. Aufrichtigkeit wächst. Alles, alles wächst. Wie ein Muskel kann sich alles entwickeln. Es macht nichts, wenn wir gegenwärtig noch keine innere Strebsamkeit besitzen. Durch unseren inneren Schrei können wir Strebsamkeit entwickeln.

Ich sehe viele, viele aufrichtige Sucher. Ich rate ihnen, schnell, schneller, am schnellsten dem vorausbestimmten Ziel entgegenzulaufen. Ich sehe aber auch einige wenige neugierige Sucher. Ihnen rate ich: »Begnügt euch nicht mit der Errungenschaft, die ihr Neugier nennt. Versucht einen Schritt weiterzugehen. Dann werdet ihr sehen, daß die Neugier von heute in die Aufrichtigkeit von morgen verwandelt wird, und in eurer Aufrichtigkeit werdet ihr den inneren Schrei sehen, die innere Flamme, die wir Strebsamkeit nennen.«

Die Strebsamkeit von heute ist die Verwirklichung von morgen. Dies ist die einzige Wahrheit, die einzige Verwirklichung, die ich Ihnen anbieten kann. Beginnen Sie hier und jetzt.

Ich sehne mich danach, eins zu sein

Ich sehne mich danach,
Mit dem Staub Deiner Füße eins zu sein.
Ich sehne mich danach,
Mit dem Lächeln Deiner Augen eins zu sein.
Ich sehne mich danach,
Mit der Liebe Deines Herzens eins zu sein.
Ich sehne mich danach,
Mit den Rudern Deines Bootes eins zu sein.
Ich sehne mich danach,
Mit dem Glühen Deines Versprechens eins zu sein.
Ich sehne mich danach,
Mit dem Fließen Deines Lebens eins zu sein.
Ich sehne mich danach,
Mit dem Sieg deines Banners eins zu sein.

Es gibt sieben höhere und sieben niedere Welten. Die höheren Welten sind: *Bhur, Bhuvar, Swar, Jana, Mahar, Tapas, Satya.* Eine der Upanishaden erwähnt die sieben höheren Regionen. Dies sind: *Agniloka, Vayuloka, Varunaloka, Adityaloka, Indraloka, Prajapatiloka* und *Brahmaloka.* Gewisse spirituelle Autoritäten sind der Meinung, die erste Gruppe entspreche der zweiten. Andere, ebenso qualifizierte Sucher sind nicht dieser Meinung. Aber alle ohne Ausnahme sind sich einig, daß *Satya* und *Brahmaloka* dieselben Welten sind.

Durch unsere Strebsamkeit und Empfänglichkeit können wir in diese Welten eintreten. Wenn wir Strebsamkeit und Empfänglichkeit besitzen, werden diese Welten nicht in unerreichbarer Ferne bleiben.

Strebsamkeit. Was meinen wir mit diesem Ausdruck? Wir meinen den inneren Schrei, die aufsteigende Flamme in uns. Strebsamkeit ist die ständige Notwendigkeit der Wirklichkeit.

Empfänglichkeit. Wie können wir empfänglich sein? Wir können empfänglich sein, wenn wir in Reinheit und Aufrichtigkeit wachsen. Wenn Aufrichtigkeit und Reinheit in unserer Existenz aufblühen, können wir leicht empfänglich werden.

Ein aufrichtiger Sucher braucht Strebsamkeit und Empfänglichkeit. Ohne Strebsamkeit ist er wurzellos. Ohne Empfänglichkeit ist er fruchtlos.

Die höheren Welten. Jeder einzelne Sucher hat das göttliche Recht, in die höheren Welten einzudringen. Seine Strebsamkeit kann ihn leicht zu Gottes Thron führen und leiten. Um in die hohen, höheren und höchsten Welten einzutreten, brauchen wir einen inneren Schrei. Wir schreien nach äußerem Glanz und Ruhm. Doch wenn wir innerlich nach Licht und Glückseligkeit hier auf der Erde schreien würden, könnte unser ganzes Wesen von Frieden, Licht und Glückseligkeit erfüllt werden. Diese höheren Welten sind in uns und nicht außerhalb von uns. Wenn wir uns konzentrieren, wenn wir meditieren, wenn wir kontemplieren, treten wir in diese höheren Welten ein. Wenn wir uns dynamisch konzentrieren, nähern wir uns der Türe dieser höheren Welten. Wenn wir seelenvoll meditieren, treten wir in den göttlichen Raum ein. Wenn wir uns uneingeschränkt und bedingungslos der Kontemplation hingeben, erreichen wir Gottes Thron. Da wir danach streben, in die höheren Welten einzutreten, beten wir zu den kosmischen Göttern. Wir fühlen, daß die kosmischen Götter uns helfen werden, in die höheren Welten einzutreten. Wenn wir in die höheren Welten eintreten möchten, um unsere Wünsche zu erfüllen, können wir nie in die höheren Welten eintreten. Wir können nur dann in die höheren Welten eintreten, wenn es der Wille unseres inneren Piloten, des höchsten Herrn ist. Wenn wir tief in uns gehen, ein paar Stunden lang meditieren und diese Meditation zugleich seelenvoll und bedingungslos ist, dann werden wir die höhere Welt sehen können. Keinem aufrichtigen Sucher nach der höchsten Wahrheit, der letzten Wahrheit, wird die höhere Welt versagt bleiben.

Um in die höheren Welten einzutreten, brauchen wir Aufrichtigkeit, Reinheit, Friede und Wonne.

Aufrichtigkeit ist der Name der inneren Schönheit.
Reinheit ist der Name von Gottes erstem Kind.
Friede ist die Herrschaft der Einheit und
    die Göttlichkeit der Vielfalt.
Wonne ist der Name von Gottes ständigem Heim.

In unserem täglichen Leben können wir zwei Gegensätze beobachten: Das Menschliche und das Göttliche. In allem, was wir tun und sagen, in allem, in das wir wachsen, sehen wir entweder das Göttliche oder das Menschliche.

Die menschliche Welt und die göttliche Welt. Ein kluger Mensch weiß mit der äußeren Welt umzugehen. Er will von der Welt, von der Menschheit nicht betrogen werden, doch bewußt oder unbewußt täuscht er die Welt der Unwissenheit. Ein weiser Mann weiß alles über die inneren Welten, die höheren Welten. Er täuscht niemanden. Er will die äußere Welt, die Welt der Unwissenheit erobern. Doch es ist keine Eroberung in der Art von Cäsars *veni, vidi, vici,* ich kam, ich sah, ich siegte. Nein. Wenn ein weiser Mensch die Unwissenheit erobern will, macht er dies, weil sein inneres Wesen ihn zwingt, das Gesicht der Welt zu verwandeln. Die Welt zu erobern, erfüllt ihn nicht mit Stolz. Er fühlt den Lebensatem der Unwissenheit und betrachtet es als seine Pflicht, die Unwissenheit in Wissen, Dunkelheit in Licht und Tod in Unsterblichkeit zu verwandeln.

Es gibt zwei Wege, um in die höheren Welten einzutreten. Der eine Weg ist der Weg des Wissens, der andere Weg ist der Weg der Hingabe.

Wissen vergrößert sich und dehnt sich in die Unendlichkeit aus. Hingabe identifiziert sich mit der absoluten Wahrheit. Dank ihrer Identifikation wächst die Hingabe in die Unendlichkeit.

Ein aufrichtiger Sucher nach der letzten Wahrheit kann entweder dem Pfad des Wissens oder dem Pfad der Hingabe folgen. Doch am Ende der Reise werden sich die Sucher auf dem Pfad des Wissens und der Sucher auf dem Pfad der Hingabe treffen und sich die Hände schütteln, denn sie haben dasselbe Ziel erreicht.

KÄMPFE

Kämpfe blind
Und erreiche nichts.
Kämpfe gezielt
Und erreiche etwas.
Kämpfe seelenvoll
Und erreiche alles.
Kämpfe bedingungslos
Und schau,
Du hast alles gewonnen,
Auch Gott.

WIE MAN DEN ZWEIFEL BESIEGT

Ein großer Schriftsteller sagte einmal: »Ein Philosoph ist jemand, der zweifelt.« Wenn ich meine Meinung äußern darf, so sind wir alle Philosophen, denn es gibt niemanden auf der Erde, der nicht wenigstens einmal gezweifelt hat. Die Wahrheit zu studieren, ist eines, ein anderes jedoch, die direkte Schau der höchsten und letzten Wahrheit zu haben. Philosophie führt uns zur Spiritualität, und Spiritualität schenkt uns Gottverwirklichung und Selbstentdeckung. Beginnen wir unsere Reise also mit Philosophie. Sie stellt die erste Sprosse der spirituellen Leiter dar. Die nächste Sprosse ist Spiritualität, und die letzte Sprosse ist Gottverwirklichung.

Zweifel bedeutet die Abwesenheit wirklichen Wissens. Wirkliches Wissen ist wahres Licht, und wahres Licht ist unser untrennbares Einssein mit der Welt.

Glaube und Zweifel sind wie Nordpol und Südpol. Ein gläubiger Mensch wird leider sehr häufig falsch verstanden. Wir nennen einen gläubigen Menschen nur zu schnell einen Fanatiker. Doch damit begehen wir einen bedauerlichen Fehler. Ein Fanatiker haßt den Verstand und ignoriert die Vernunft, während ein gläubiger Mensch – wenn er wirklich Glauben hat – die Vernunft willkommen heißt und den zweifelnden Verstand annimmt. Sein Glaube wird dem zweifelnden Verstand helfen, sich in etwas unendlich Weites, in etwas Ewiges und Unsterbliches zu verwandeln. Auf diese Weise hilft der Glaube dem zweifelnden Verstand.

Ein gläubiger Mensch ist zugleich ein göttlich demütiger Mensch. Je weiter er dank seines Glaubens im spirituellen Leben vorwärtskommt, desto tiefer wächst er in die größte Demut.

Zweifel ist unsere selbstauferlegte Unwissenheit. Glaube ist unsere innere Schau der letzten Wahrheit. Glaube ist die Ausdehnung und die Erleuchtung unserer Seele. Überall um uns sehen wir Dunkelheit. Wir sehen überall um uns Unreinheit und Unvollkommenheit. Wir sind es jedoch auch, die die innere Inspiration, die Strebsamkeit, die Fähigkeit und den diamantenen Willen haben, das Gesicht der Erde zu verwandeln. Wie? Indem wir den Zweifel, unseren Selbst-Zweifel besiegen; indem wir unseren Zweifel an der Menschheit und an Gott besiegen.

Warum zweifeln wir? Wir zweifeln, weil wir mit den anderen, mit dem Rest der Welt kein bewußtes Einssein besitzen. Wenn mich jemand anzweifelt, soll ich ihn dann ebenfalls anzweifeln? Wenn ich ihn anzweifle, segle ich im selben Boot. Doch wenn ich ihm meinen Glauben, meinen innigen Glauben anbiete, kann ich früher oder später, heute oder morgen seine Natur verwandeln.

Was lernen wir von einem Baum? Was geschieht, wenn wir ihn kräftig schütteln? Der Baum schenkt uns unmittelbar seine Blüten, seine Früchte. Schenken wir doch jenen, die uns mit ihren unzähligen Zweifeln quälen, unseren schneeweißen Glauben. Unser schneeweißer Glaube wird ihr Leben voller dunkler und verdunkelnder Zweifels-Wolken verwandeln.

Mit offenen Augen sehen wir, daß die Welt häßlich ist. Mit offenen Ohren hören wir, daß die Welt unrein ist. Wir besitzen jedoch auch einen Verstand. Laßt uns unseren Verstand dazu gebrauchen oder dazu zwingen, im Gegensatz zu den Augen nur das Richtige, das Reine zu sehen. Laßt uns unseren Verstand so gebrauchen, daß er im Gegensatz zu den Ohren nur das Richtige, nur das Göttliche hört. Der Verstand, der entwickelte, bewußte und erleuchtete Verstand kann uns ohne weiteres in die höchsten Bewußtseins-Ebenen bringen.

Wir unterstehen alle den Gesetzen der Mutter Erde. Mutter Erde steht unter den Gesetzen des Himmels. Der Himmel untersteht dem ausdrücklichen Gesetz Gottes. Doch unser Zweifel, unser gehegter und gepflegter Zweifel untersteht seinem eigenen Gesetz. Sein Gesetz ist die Frustration, und in der Frustration wartet die Zerstörung.

Warum zweifeln wir? Weil uns das richtige Verständnis fehlt. Kavir, ein großer spiritueller Heiliger, sagte einmal: »Hört zu Brüder: Wer liebt, versteht«.

Wenn wir lieben, verstehen wir. Wenn wir die Wahrheit verstehen, haben wir weder die Gelegenheit noch das Bedürfnis, in unserem Leben auch nur einen Hauch von Zweifel zu hegen. Wir zweifeln an Gott, wie und wann es uns gefällt. Wir zweifeln an Gott, weil wir glauben, Er sei unsichtbar. Wir zweifeln an Ihm, weil wir denken, Er sei unhörbar. Wir zweifeln an Gott, weil wir denken, Er sei unbegreifbar.

Doch was haben wir getan, um Ihn zu sehen? Was haben wir getan, um Ihn zu hören? Was haben wir getan, um Ihn zu verstehen? Haben wir jeden Tag seelenvoll gebetet, um Ihn zu sehen? Die Antwort ist nein. Haben wir die Menschheit ergeben geliebt, um Ihn zu hören? Nein. Haben wir der Gottheit in der Menschheit gedient, um Ihn zu verstehen? Nein. Wir haben nicht zu Gott gebetet. Wir haben die Menschheit nicht geliebt. Wir haben der Gottheit in der Menschheit nicht gedient. Und dennoch möchten wir Gott von Angesicht zu Angesicht sehen.

Gott kann nur aufgrund unseres inneren Schreiens gesehen werden, das wir ›Strebsamkeit‹ oder ›die aufsteigende Flamme in uns‹ nennen. Jeden Augenblick strebt diese Flamme nach dem Höchsten. Wenn wir innerlich schreien können, wird diese Flamme aufsteigen und hoch, höher, am höchsten klettern, und während sie hinaufsteigt, wird sie die Welt um sich herum erleuchten.

Es gibt ein indisches Sprichwort, das die meisten von Ihnen sicher schon gehört haben: »Ein starker Mann fürchtet sich vor dem Feind, wenn der Feind weit weg ist; doch wenn der Feind sich naht, fürchtet er sich nicht mehr.« Dazu möchte ich beifügen, daß ein spirituell starker Mensch unendlich viel stärker wird, wenn Zweifel ihn angreifen, indem er das Licht seiner Seele zum Vorschein bringt. Dieses Licht schenkt ihm die Kraft, gegen die Zweifel zu kämpfen und sie zu besiegen.

Es gibt noch einen anderen Weg, um Zweifel zu besiegen, nämlich das Gefühl, daß wir in diesem Augenblick Kinder sind, Kinder von Gott, und gleichzeitig das Gefühl haben, daß Gott ebenfalls ein göttliches Kind ist, das mit uns spielt. Wir sind menschliche Kinder und Er ist ein göttliches Kind. Ein Kind zweifelt nicht. Es besitzt innigen Glauben an seine Eltern. Es besitzt innigen Glauben an alle, die es sieht. Wir können in unserem täglichen Leben dieselbe Rolle spielen. Spielen wir doch mit Gott, dem göttlichen Kind. Wenn wir fühlen können, daß wir ein göttliches Kind in uns haben, das mit uns spielt, dann kann es keinen Schatten des Zweifels in unserem Leben geben, ob wir jetzt sprechen, essen oder uns bewegen. Wir sind nicht allein. Es gibt jemanden, der jeden Augenblick mit uns spielt. Wenn wir das wissen und fühlen, kann der Zweifel unseren Verstand nie überschatten.

Wer Gott liebt und Ihn verehrt, fühlt tief in sich, in den innersten Tiefen seines Herzens, eine Insel der Ekstase. Diese Insel kann von den Fluten des Zweifels nie überschwemmt werden, denn durch seine Liebe ist er bereits mit dieser göttlichen Sicherheit eins geworden.

Wenn wir Gott lieben, ist unser Problem vorbei. Wir sehen zwar nicht alle Gott von Angesicht zu Angesicht. Aber wir können uns eine flüchtige Sekunde lang vorstellen, daß Gott mit all seiner Liebe in unseren geliebten Mitmenschen wohnt. Versuchen wir das Gesicht unseres Geliebten in unseren geliebten Mitmenschen zu sehen. Wo Liebe, wahre Liebe ist, da ist alles Einssein. Wo Einssein ist, da kann kein Zweifel, kein verdunkelnder, kein drohender, kein zerstörerischer Zweifel sein.

Um den Zweifel besiegen zu können, müssen wir unsere Natur ständig reinigen. Diese Reinigung muß in unserem physischen Körper stattfinden. Der Körper muß ständig gereinigt werden. Wir reinigen den Körper nicht, indem wir sechs-oder siebenmal am Tag baden. Wir können unseren Körper nur dadurch reinigen, indem wir fühlen, daß es in uns einen lebendigen Altar gibt. Dann müssen wir die lebendige Gottheit des Lichts und der Wahrheit in uns wachsen lassen. So kann der Körper in kurzer Zeit gereinigt werden, und gleichzeitig werden wir in unserem Körper oder unserem physischen Verstand auch keine Zweifel mehr haben.

Die menschliche Lebenskraft muß die Rolle göttlicher Dynamik spielen. Wenn wir den Zweifel in unserer Lebenskraft besiegen wollen, müssen wir der Lebenskraft in uns anstelle von agressiver und zerstörerischer Macht diese göttliche Dynamik anbieten.

Der Verstand muß jeden Augenblick mit Klarheit und richtigem Denken überflutet werden. Jeden Augenblick muß er bewußt göttliche Gedanken, göttliche Ideen, göttliche Ideale beherbergen. Dann wird der Zweifel im Verstand nicht mehr atmen können. Jeden Augenblick müssen wir das Herz seelenvoll machen, damit wir den Zweifel in ihm besiegen können. Das Herz muß die Botschaft der Selbstaufopferung für andere, für den Rest der Welt weitergeben. Wenn ein aufrichtiger Sucher seinen Lebensatem opfert, hat er nicht das Gefühl, er opfere irgend etwas, sondern er dehnt einfach sein eigenes Bewußtsein aus und erfüllt sich selbst hier auf der Erde.

Zweifel kann man besiegen. Man muß ihn besiegen. Wie? Die einzige Antwort ist ständige und seelenvolle Konzentration auf den Verstand, Meditation auf das Herz und Kontemplation auf das ganze Wesen.

BRAUCHST DU . . .

Brauchst du Frieden im Verstand?
Dann stelle dir vor, daß dich die Welt nicht braucht.

Brauchst du Frieden im Verstand?
Dann fühle, daß die Welt
Nicht annähernd so nutzlos ist, wie du glaubst.

Brauchst du Frieden im Verstand?
Dann schau, daß du nicht dieselben Fehler machst
Wie die Welt sie so oft begeht.

LIEBE, ERGEBENHEIT UND SELBSTHINGABE

Liebe ist süß, Ergebenheit ist süßer. Selbsthingabe ist am süßesten. Liebe ist süß. Ich habe diese Wahrheit in der spontanen Liebe meiner Mutter zu mir gefühlt.

Ergebenheit ist süßer. Ich habe diese Wahrheit in der ergebenen Bemühung meiner Mutter entdeckt, mein Leben zu vervollkommnen.

Selbsthingabe ist am süßesten. Ich habe diese Wahrheit in der ständigen Selbsthingabe meiner Mutter an die Erfüllung meiner Freude erkannt.

Liebe ist mächtig. Ergebenheit ist mächtiger. Selbsthingabe ist am mächtigsten.

Liebe ist mächtig. Diese Wahrheit fühle ich, wenn ich das Gesicht meines Vaters betrachte.

Ergebenheit ist mächtiger. Diese Wahrheit entdecke ich, wenn ich zu Füßen meines Vaters sitze.

Selbsthingabe ist am mächtigsten. Diese Wahrheit erkenne ich, wenn ich im Willens-Atem meines Vaters lebe. Liebe, Ergebenheit und Selbsthingabe.

Was ist Liebe? Von einem spirituellen und inneren Gesichtspunkt aus ist Liebe die Ausdehnung ihrer selbst. Menschliche Liebe bindet uns und ist gebunden. Göttliche Liebe weitet aus und dehnt sich selbst aus. Wir beschäftigen uns hier mit göttlicher Liebe.

Ergebenheit ist die Intensität der Liebe und Selbsthingabe ist die Erfüllung der Liebe. Warum lieben wir? Wir lieben, weil wir jeden Augenblick vom Hunger geplagt werden, das Höchste zu erkennen, das innerste zu fühlen, bewußt mit dem Universum, mit der universalen Wahrheit, dem Licht, dem Frieden und der Glückseligkeit eins zu sein und vollständig erfüllt zu werden. Wie liebt man? Wenn wir in der Absicht lieben, etwas von andern zu erhalten, ist unsere Liebe keine Liebe. Liebe bedeutet ständiges Sich-selbst-Anerbieten aufgrund unserer eigenen inneren Strebsamkeit.

Unsere Welt braucht Frieden, Freude, Glückseligkeit, Harmonie und gegenseitiges Verständnis. Wir haben das Gefühl, es gebe hier auf der Erde kein Licht, keine Wahrheit, keine Göttlichkeit – nichts derartiges. Alle göttlichen Eigenschaften, alle Aspekte des höchsten Herrn sind im Himmel, im tiefblauen Himmel, nur nicht hier. Dies ist unser Gefühl. Deshalb schauen wir immer hinauf, wenn wir Hilfe suchen. Wir glauben, Gott sei im Himmel und nicht auf der Erde, und Gott komme in die Welt herunter, um uns zu erretten. Wir glauben, wir schwelgten in den Vergnügen der Unwissenheit, wo es kein Licht, keine Wahrheit geben könne, und Gott könne auf der Erde schon gar nicht gefunden werden.

Doch wir müssen erkennen, daß Gott überall und daher auch hier ist. Er ist in uns. Er ist auch um uns. Wir fühlen Seine lebendige Anwesenheit in den tiefsten Tiefen unseres Herzens. George Bernard Shaw hat uns gewarnt: »Nehmt euch in Acht vor dem Menschen, dessen Gott im Himmel ist.« Unser Gott ist überall. Er ist nicht nur im Himmel; Er ist auch hier auf der Erde. Er ist in uns, Er ist mit uns und Er ist für uns. Wir müssen nicht in die höchsten Bewußtseinsebenen eindringen, um Gott zu sehen. Unser Schrei wird unsere innere Göttlichkeit – die nichts anderes als Gott selbst ist – zum Vorschein bringen.

Selbsthingabe ist Schutz und Selbsthingabe ist Erleuchtung. Selbsthingabe ist unsere Vollkommenheit. Wir beginnen unsere Reise im Augenblick, wo wir das Licht der Welt erblicken. Wir unterwerfen unser Dasein unseren Eltern und erhalten als Gegenleistung Schutz. Wir hören auf unsere Eltern. Wir fügen uns ihrem Willen, ihrem Rat und ihren Vorschlägen, und dafür werden wir gut geschützt. Als Kinder fühlen wir in unserem täglichen Leben grenzenlose Freude. Warum? Weil wir unseren persönlichen Willen, unser eigenes Denken unseren Eltern unterwerfen und so

Freude und zusätzlich Schutz erhalten. Im Schutz ist Freude, und in der Freude ist Schutz.

Was geschieht an unserem Lebensabend? Wenn wir ein inneres Leben, ein spirituelles Leben führen, werden wir uns am Ende unseres Lebens ebenfalls selbst hingeben. Wem? Dem inneren Piloten, dem höchsten Herrn. Am Ende unserer Reise werden wir Gott unseren eigenen Atem hingeben. Dann werden wir wieder Freude erhalten, volkommene Freude, ungestörte Freude.

Unsere Reise als aufrichtige Sucher nach der letzten Wahrheit beginnt also damit, daß wir uns unseren Eltern unterwerfen, die uns am nächsten und am liebsten sind und nur das Beste für uns wollen. Wenn wir ihnen unser Dasein unterwerfen, erhalten wir unendliche Freude. Wenn wir dann einen spirituellen Pfad betreten, versuchen wir jeden Augenblick auf das Gebot unseres inneren Wesens zu hören. Je mehr wir auf unser inneres Wesen hören, desto größer ist unsere Freude, desto tiefer ist unsere Erfüllung. Unsere Zeit wird verstreichen, und wir werden für eine kurze Rast in eine andere Welt gehen müssen. Falls wir uns bewußt Gottes Willen hingegeben haben, wird uns dort die erhabenste Freude und Herrlichkeit erfüllen.

Es ist schwierig, die Menschheit zu lieben. Es ist schwierig, uns ergeben der Menschheit zu widmen. Es ist schwierig, uns der Menschheit hinzugeben. Das ist wahr. Ebenso schwierig ist es, Gott zu lieben, Gott zu dienen, uns Gott zu ergeben und unseren Lebensatem Gott hinzugeben.

Warum? Aus dem einfachen Grund, daß wir besitzen und besessen sein wollen. Wir machen uns ständig zu einem Opfer der Unwissenheit. Unsere Begierden können nie erfüllt werden, und wir haben zahllose Begierden. Gott wird nur jene Begierden erfüllen, die uns in einer gewissen Hinsicht helfen werden. Wenn Er alle unsere zahllosen Begierden erfüllen wollte, dann würde er unseren strebenden Seelen Unrecht tun. Und das wird Er nicht machen. Er weiß, was für uns am besten ist, und Er hat uns viel mehr gegeben, als wir aufnehmen können, obwohl wir uns dessen leider keineswegs bewußt sind.

Wir haben jeden Augenblick Gelegenheit, die Menschheit zu lieben. Und wenn wir die Menschheit wirklich lieben, werden wir den Drang verspüren, der Menschheit unseren ergebenen Dienst zu erweisen. Und wenn wir unsere Existenz wirklich erweitern wollen, wenn wir unser Bewußtsein ausdehnen und mit der Weite eins, untrennbar eins sein wollen, dann ist Selbsthingabe die einzige Antwort.

Jeden Augenblick sehen wir Schranken zwischen uns Menschen, als stünden Betonwände zwischen uns. Wir können nicht von ganzem Herzen miteinander sprechen. Warum? Weil uns die Liebe fehlt. Liebe ist unser untrennbares Einssein mit dem Rest der Welt, mit Gottes gesamter Schöpfung. Mit unserer seelenvollen Liebe können wir diese Beton-Wand zum Einstürzen bringen.

Liebe, Ergebenheit und Selbsthingabe. Dies sind drei Sprossen auf der spirituellen Leiter, der Leiter unseres sich entwickelnden Bewußtseins. Die erste Sprosse ist Liebe; die zweite oder zweitletzte ist Ergebenheit und die letzte ist Selbsthingabe. Leider wird die Selbsthingabe im Westen falsch verstanden. Wir befürchten, daß derjenige, dem wir uns hingeben, über uns herrschen und uns jeglicher Individualität oder Persönlichkeit berauben werde. Vom gewöhnlichen menschlichen Standpunkt aus ist dies wahr. Doch vom spirituellen Standpunkt aus ist es völlig falsch. Wenn das Endliche ins Unendliche eintritt, wird es zur Unendlichkeit selbst. Wenn der kleine Tropfen in den Ozean fällt, können wir den Tropfen nicht mehr verfolgen. Er wird zum mächtigen Ozean.

Gott liebt uns dank Seiner unendlichen Güte, und die Türe Seines Herzens steht immer weit offen. Weil Er reine Liebe ist, nähern wir uns Ihm. Er ist uns am liebsten und am nächsten – nicht weil Er allwissend und allmächtig ist, sonden weil Er reine Liebe ist.

Liebe, Ergebenheit und Selbsthingabe.
Zu dienen und nie müde zu werden, ist Liebe.
Zu lernen und nie ausgelernt zu haben, ist Ergebenheit.
Zu geben und nie aufzuhören, ist Selbsthingabe.

Liebe ist die Wirklichkeit des Menschen.
Ergebenheit ist die Göttlichkeit des Menschen.
Selbsthingabe ist die Unsterblichkeit des Menschen.

Wirklichkeit ist alldurchdringend.
Göttlichkeit ist allerhebend.
Unsterblichkeit ist allerfüllend.

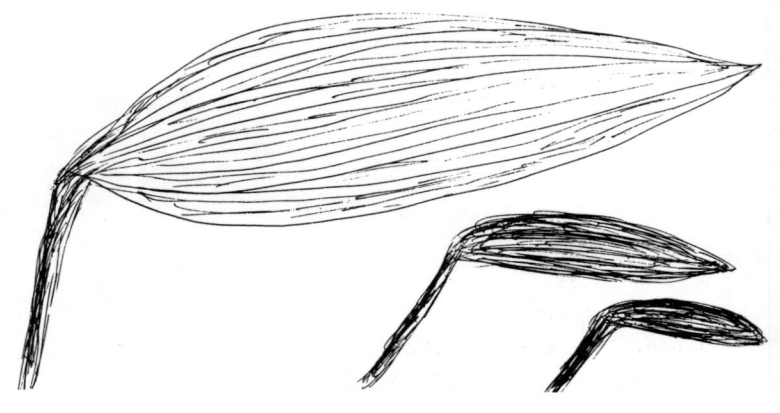

Das Boot der Zeit segelt

Der Himmel ruft mich,
Der Wind ruft mich,
Der Mond und die Sterne rufen mich.
Die grünen und dichten Hecken rufen mich,
Der Tanz des Springbrunnens ruft mich,
Lächeln ruft mich, Tränen rufen mich.
Es ruft mich eine schwache Melodie.
Der Morgen, der Mittag und der Abend rufen mich.
Alle suchen nach einem Spielkameraden,
Alle rufen mich: Komm, komm, komm!
Eine Stimme, ein Laut, überall um mich.
Ach, das Boot der Zeit segelt dahin.

Das Vergängliche und das Ewige

Was ist ewig?
Was ist vergänglich?
Was ewig ist, ist Wirklichkeit.
Was vergänglich ist, ist Unwirklichkeit.

Wirklichkeit ist die Existenz des Lichtes,
Das Dasein im Licht und für das Licht.

Unwirklichkeit ist die Existenz der Nacht,
Das Dasein in der Nacht und für die Nacht.

Die Eltern der Wirklichkeit sind Göttlichkeit und Unsterblichkeit.
Die Eltern der Unwirklichkeit sind Knechtschaft und Unwissenheit.
Wenn wir das göttliche Licht sehen, sind wir glücklich. Wenn wir das göttliche Licht fühlen, werden wir stark. Und wenn wir in das göttliche Licht wachsen, beginnt unser Leben Früchte zu tragen.
Wenn wir die ungöttliche Nacht sehen, werden wir schwach und kraftlos. Wenn wir die ungöttliche Nacht fühlen, fühlen wir uns unwohl. Und wenn wir in die ungöttliche Nacht wachsen, wird unser Leben bedeutungslos, fruchtlos.
Erleuchtendes Licht und erleuchtetes Licht; verdunkelnde Nacht und verdunkelte Nacht. Erleuchtendes Licht ist das Licht in uns, erleuchtetes Licht ist das Licht um uns. Verdunkelnde Nacht ist die Nacht vor uns. Verdunkelte Nacht ist die Nacht um uns.

Was wirklich ist, ist ewig, und was ewig ist, ist spirituell. Was ist spirituell? Das Leben des ewig sich selbst transzendierenden Jenseits. Doch dieses Leben des ewig sich selbst transzendierenden Jenseits muß hier auf der Erde manifestiert werden. Dieses Leben ist wirklich; es ist die Wirklichkeit selbst.

Was ist unspirituell? Benützen wir den Ausdruck materiell. Das Materielle ist der Reichtum der flüchtigen Zeit.

Göttlicher Reichtum und materieller Reichtum. Göttlicher Reichtum ist unsere innere Strebsamkeit. Diese Strebsamkeit ist das Lied der Unendlichkeit, der Ewigkeit und der Unsterblichkeit ins uns. Materieller Reichtum ist Begierde, der Schrei nach unmittelbarem und ständigem Besitz. Wenn wir zu besitzen versuchen, fühlen wir, daß wir bereits besessen werden. Doch wenn wir jemanden mit dem Licht unserer Seele zu sehen versuchen, fühlen wir, daß wir befreit sind und daß auch er bereits befreit ist. Etwas Ewiges ist göttlich. Etwas Vergängliches ist ungöttlich. Sobald göttliche Weisheit auf der Erde dämmern wird, werden wir erkennen, daß das Vergängliche nutzlos ist.

Göttlichkeit und Unsterblichkeit sind in uns. Die Unsterblichkeit sagt uns, was wir tun sollen, die Göttlichkeit sagt uns, wie wir es tun sollen. Die Unsterblichkeit sagt uns, wir sollten auf die Weisungen unserer Seele hören, die selbst ein Funke des göttlichen Lichtes ist. Sie ermahnt uns, uns immer des inneren Piloten bewußt zu sein. Die Göttlichkeit sagt uns wie wir es tun können: Durch ein diszipliniertes Leben, durch hingebungsvollen Dienst an einer höheren Sache, durch Reinigung unserer äußeren Natur und durch unaufhörliche und uneingeschränkte Liebe zu Gott.

Knechtschaft und Unwissenheit sind die Eltern der Nacht. Unwissenheit sagt uns, was wir tun sollen, und Knechtschaft sagt uns, wie wir es tun sollen. Unwissenheit sagt uns, wir sollten die Welt zerstören. Knechtschaft sagt uns, wie wir es am besten tun: durch Grausamkeit, Brutalität und andere unfaire Mittel.

Ein spiritueller Sucher versucht in die innersten Tiefen seines Herzens vorzudringen und von da aus Licht zum Vorschein zu bringen. Mit Hilfe dieses Lichtes möchte er in den Atem des Ewigen wachsen. Um in den Atem des Ewigen zu wachsen, braucht er innere Weisheit. Was ist innere Weisheit?

Krishna sagt in der *Bhagavadgita*, dem himmlischen Gesang, zu Arjuna, seinem göttlichen Instrument:»O Arjuna, derjenige ist ein weiser Mann, der seine Sinne beherrscht.« Das heißt, wir treten in das Reich der Weisheit ein, wo Wirklichkeit wächst und Göttlichkeit fließt, sobald wir unsere Sinne besiegt haben. Um in die Welt der Weisheit einzutreten, brauchen wir ständige Liebe: Liebe zur Wahrheit, Liebe zum Licht. Doch im Augenblick lieben wir die flüchtige Wahrheit, das flüchtige Licht, den flüchtigen Besitz. Der flüchtige Reichtum, den wir haben oder haben möchten, fürchtet sich schrecklich vor der Wahrheit. Er bezweifelt die Wahrheit und fürchtet sich vor Gott. Doch unser göttlicher Reichtum, unsere Strebsamkeit ruft die Wahrheit an und verehrt Gott. Jeden Tag sehen wir mit unseren eigenen Augen, fühlen wir mit unserem eigenen Herzen die Vergänglichkeit der von Menschen geschaffenen Welt. Die Dinge, die wir mit unseren Gedanken erschaffen und die Ideen, die aus unseren Taten entstehen, sind nicht von Dauer. In diesem Moment habe ich einen Gedanken und im nächsten Moment ist dieser Gedanke weg. Vielleicht gibt er mir ein Resultat. Und dieses Resultat dauert wiederum eine flüchtige Sekunde lang.

Es gibt jedoch noch etwas anderes, nämlich Willenskraft, den Willen der Seele, den diamantenen Willen der Seele. Wenn wir auch nur einen Hauch dieser Willenskraft verwenden können, werden wir sehen, daß nicht nur die Tat, sondern auch das Resultat eine immerwährende Wirklichkeit darstellt. Um die Willenskraft der Seele zu entwickeln, müssen wir in ein spirituelles Leben treten. Wir müssen ein selbst-diszipliniertes Leben führen. Ein selbst-diszipliniertes Leben bedeutet keine Einschränkung oder bewußte Qual des Lebens. Ein selbst-diszipliniertes Leben ist eine Leben, das das Licht braucht und vom Licht geführt und geformt werden will. Wenn das Leben diszipliniert ist, werden wir uns nicht wie Tiere benehmen. Wenn das Leben genug diszipliniert ist, wird wirkliche Göttlichkeit wachsen. Wir können dann sagen, Gottverwirklichung oder Selbstentdeckung sei unser Geburtsrecht, und in der Gottverwirklichung erwerben wir die Weisheit der immerwährenden Wahrheit.

Nicht nur ein einzelner oder ein paar wenige sind auserwählt, die höchste Wahrheit zu verwirklichen; jeder ist ein Instrument Gottes. Doch er muß sich dessen bewußt sein. Zur Zeit sind wir uns dessen nicht bewußt. Aber wenn wir beten, wenn wir meditieren, werden wir von selbst ein ständig bewußtes Instrument von Gott. Wer ein bewußtes Instrument wird, hört im Herzen des Endlichen die Botschaft des Unendlichen und fühlt im Flüchtigen den Atem des Ewigen.

An Gott zu denken, ständig auf Gott zu meditieren, heißt uneingeschränkt in Gott leben. Wenn wir ständig, seelenvoll und uneingeschränkt in Gott leben, tut Gott bedingungslos alles für uns. Er bietet uns Sein Licht, Seinen Frieden und Seine Geselligkeit in unendlichem Maße an, und wir wachsen in Sein wirkliches Ebenbild.

Die Botschaft der ewigen Wahrheit, der sich selbst transzendierenden Wahrheit, muß hier auf der Erde erfüllt werden, denn Gott hat die Erde als Sein Feld der Manifestation gewählt. Das ewige Licht muß hier auf der Erde manifestiert werden, und wir alle müssen zu bewußten Instrumenten Gottes werden. Zu bewußten Instrumenten Gottes werden wir durch den inneren Schrei, der wie das Schreien eines Kindes sein muß. Wenn ein Kind nach seiner Mutter schreit, kommt die Mutter zu ihm, gleich wo sie sich gerade aufhält. Das Kind ist vielleicht im Wohnzimmer oder in der Küche, doch die Mutter eilt herbei, um ihm Essen zu geben.

Auf dieselbe Weise wird Gott uns aus Seiner unendlichen Güte heraus das Licht zeigen, wenn wir den inneren spontanen Schrei nach dem Licht und nach der Wahrheit verspüren, und in diesem Licht werden wir wachsen.

Wir werden Gott erfüllen. Und während wir Gott erfüllen, werden wir uns selbst erfüllen. Unser einziges Gebet zu Gott ist:

Führe uns vom Unwirklichen zum Wirklichen.
Führe uns vom Dunkel zum Licht.
Führe uns vom Tod zur Unsterblichkeit.

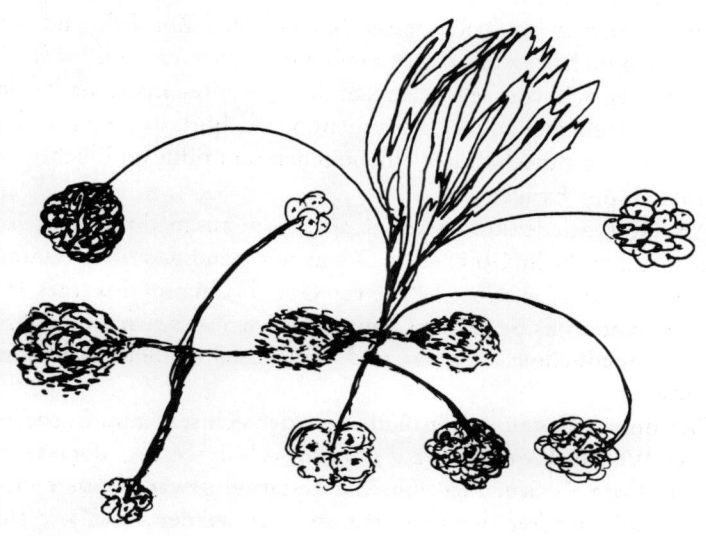

MEIN LEBEN WECHSELT MIT GOTT AB

Mein Tag wechselt mit der Nacht ab.
Meine Furcht wechselt mit Stärke ab.
Mein Zweifel wechselt mit Sicherheit ab.
Meine Liebe wechselt mit Haß ab.
Meine Niederlage wechselt mit meinem Sieg ab.
  Ich wechsle mit Gott ab.
Meine Seele wechselt mit Gott, dem Träumer ab.
Mein Herz wechselt mit Gott, dem Liebenden ab.
Mein Leben wechselt mit Gott, dem Spielenden ab.

GÖTTLICHE PFLICHT UND GÖTTLICHE BELOHNUNG

Gott denkt an Seine Pflicht. Gott meditiert auf Seine Pflicht. Der Mensch liebt seine Belohnung. Der Mensch schreit nach seiner Belohnung.

Bedingungslos ausgeführte Pflicht macht Gott glücklich, und Er tut dies jeden Augenblick.

Mühelos und ständig Belohnung zu gewinnen, macht den Menschen glücklich, und das erwartet er, dafür lebt er ständig.

In unserer menschlichen Pflicht denken wir an den Menschen im Menschen. In unserer menschlichen Pflicht sehen wir den Menschen im Menschen. Das heißt, wir lieben die Knechtschaft in der Unwissenheit.

Unsere göttliche Pflicht ist es, auf Gott im Menschen zu meditieren. Unsere göttliche Pflicht ist es, Gott im Menschen zu sehen. Das heißt, wir lieben die Göttlichkeit in der Unsterblichkeit.

Menschliche Pflicht beginnt mit Zwang und endet sehr oft in Frustration und Ablehnung. Göttliche Pflicht beginnt mit innerer Notwendigkeit und endet mit einer Flut von Ekstase.

Menschliche Belohnung ist die flüchtige Freude, die wir von einem unbedeutenden Menschen erhalten. Menschliche Belohnung ist die sterbende Liebe eines schwachen menschlichen Wesens.

Göttliche Belohnung ist die ständige Freude, die immwährende Freude, die von Gott her fließt. Göttliche Belohnung ist die ständige Liebe, die allerfüllende Liebe von Gott.

In unserem unstrebsamen Leben verrichten wir unsere Pflichten, und es dünkt uns, Pflicht sei ein anderer Name für Arbeit.

Wir haben zudem das Gefühl, diese Pflicht laste auf uns, während Belohnung ein höchst willkommenes Vergnügen darstelle. In unserem strebsamen Leben ist Pflicht freiwillig. Sie ist nie obligatorisch. Und Belohnung ist die energiespendende Freude des selbstlosen Dienstes. In unserem Leben der Verwirklichung ist Pflicht unser göttlicher Stolz, und Belohnung ist unsere herrliche, uns selbst transzendierende Höhe.

In unserem unstrebsamen Leben, ja selbst in unserem strebsamen Leben sehen wir, daß Pflicht der Belohnung vorangeht. Erst die Pflicht, dann die Belohnung. Im Leben der Verwirklichung ist es umgekehrt: Erst die Belohnung, dann die Pflicht. Wie ist das möglich? Wenn Gott seine alles transzendierende Höhe, Seine höchste Erleuchtung einem Menschen anbietet, dann bedeutet das, daß Gott ihm bereits die volle Verwirklichung geschenkt hat. Gott hat ihn als Sein auserwähltes Instrument angenommen. Allein die Tatsache, daß Gott ihn als Sein auserwähltes Instrument angenommen hat, zeigt, daß er bereits seine höchste Belohnung von Gott erhalten hat. Später teilt ihm Gott seine Pflicht mit: Die Menschheit zu lieben, der Menschheit zu helfen, der Göttlichkeit in der Menschheit zu dienen, Gott, das ewige Mitleid, zu enthüllen und Gott, die ewige Anteilnahme, auf der Erde, hier und jetzt zu manifestieren.

Pflicht und Belohnung gehen vom spirituellen Standpunkt aus Hand in Hand. Sie stellen die Vorderseite und die Rückseite derselben spirituellen Münze dar. Pflicht ist der Mensch als Strebsamkeit, und Belohnung ist Gott als Verwirklichung und Gott als Befreiung. In der Belohnung liegt zugleich die ewige, sich selbst transzendierende Reise: und in der Pflicht ist Gottes ewig verwandelnde, ewig manifestierende, ewig erfüllende Wirklichkeit hier auf der Erde, dort im Himmel.

AUM

O erhabener Herr,
Du bist meine Mutter.
Du bist mein Vater.
Du bist mein Freund.
Du bist mein Kamerad.
Du bist das Wissens-Licht.
Du bist der innere Reichtum.
Du bist mein All.

Wenn wir diese Wahrheit verwirklichen, erfüllen wir alle unsere Pflichten. Es kann keine größere Pflicht geben, als den inneren Piloten zu verwirklichen.

Ihn zu verwirklichen, Ihm zu dienen, Ihn auf der Erde zu manifestieren: Dafür sahen wir das Licht der Welt.

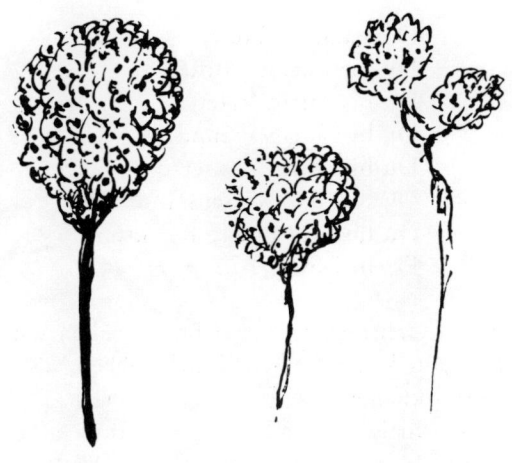

TUE DEINE PFLICHT

Tue deine Pflicht.
Wenn du deine Pflicht gut tust,
    Wird Gott stolz auf dich sein.
Tue deine Pflicht.
Wenn du Erfolg hast,
    Wird der Himmel dich bekränzen.
Tue deine Pflicht.
Wenn du Mißerfolg hast,
    Wird dich die Welt umarmen.
    Tue deine Pflicht.
Tue deine Pflicht,
Und erwecke so
    Deine Göttlichkeit.

ÜBER DEN AUTOR

Sri Chinmoy Kumar Ghose wurde am 27. August 1931 in dem Dorf Shakpura in der Nähe von Chittagong in der damaligen indischen Provinz Bengalen geboren. Die Erfahrung höherer Bewußtseinsebenen machte er schon in seiner Kindheit.

Nachdem Sri Chinmoy mit elf Jahren seinen Vater und ein Jahr darauf seine Mutter verloren hatte, trat er mit seinen sieben Geschwistern in einen modernen Ashram in Südindien ein. In der harmonischen Atmosphäre dieser Gemeinschaft genoß er eine umfassende körperliche und geistige Erziehung.

Noch vor dem dreizehnten Geburtstag Sri Chinmoys liegt die kaum beschreibbare seelische Erfahrung, Gott zu tragen und gleichzeitig von ihm getragen zu werden. Im Innersten weiß er, daß er damit die Verwirklichungsstufe seines früheren Lebens wiedergewonnen hat.

Ungefähr ein Jahr später hat er eine ›innere Begegnung‹, von der sein Wirken bis zum heutigen Tag geprägt worden ist. Er beschreibt sie wie folgt: »Wann immer es mir möglich war, flüchtete ich mich an das Ufer des ewigblauen Meeres und ließ mich dort in der Einsamkeit nieder. Langsam erhob sich mein Bewußtseins-Vogel und verlor sich in den Höhen des Himmels.

Eine dieser Gelegenheiten fiel auf eine Vollmondnacht. Als ich in den blauweißen Horizont blickte, fand ich nichts als ein Meer von süßem, erhabenem Glanz. Alles schien eingetaucht in einen unendlichen Ozean aus Licht, der liebevoll mit den sanften Wellen spielte. Mein endliches Bewußtsein war erfüllt von Durst nach dem Unendlichen und Unsterblichen. Ich trank und trank von dem Nektar und ließ mich treiben auf dem leuchtenden Wasser. Mir war, als ob ich nicht länger auf Erden existierte. Plötzlich zerbrach mein duftender Traum, ich weiß nicht warum und wie. Kein Honiggeruch unsterblicher Seligkeit entströmte der Luft mehr, nur meine eigenen Gedanken drängten sich vor: ›Vergeblich, alles vergeblich. Hier auf Erden eine göttliche Welt errichten zu wollen, ist hoffnungslos; eine kindische Träumerei, nichts weiter.‹ Ich fühlte mich unfähig zur Fortsetzung meines eigenen Lebens. Nichts als eine dornige Wüste schien es zu sein, übersät von Schwierigkeiten ohne Ende. Warum sollte ich hier diese unerträglichen Schmerzen und Leiden ertragen? Ich bin der Sohn des Unendlichen. Ich muß Freiheit, muß die Ekstase des Paradieses haben, sie wohnt immer in mir. Warum sollte ich die sterbliche Welt nicht verlassen, um in meine ewige Wohnstatt des Himmels zurückzukehren?

Ein plötzlicher Lichtblitz erschien über meinem Kopf. Als ich voller Ehrfurcht und Erstaunen aufblickte, fand ich meinen Geliebten, den König des Universums, der mich anschaute. Seine strahlenden Züge waren voller Sorge. ›Vater‹, fragte ich Ihn, ›was macht Dein Gesicht so traurig?‹ ›Wie kann es glücklich sein, Mein Sohn, wenn du nicht Mein Gefährte sein und Mir in Meiner Aufgabe helfen willst? In diese Welt gesät habe Ich Millionen von Bauplänen, die Ich in die Wirklichkeit heben möchte. Doch wie soll Ich Meine Göttlichen Manifestationen hier auf Erden entfalten, wenn Meine Kinder Mir in Meinem Spiel nicht folgen?‹

Tief berührt, verbeugte ich mich und versprach: ›Vater, ich werde Dein treuer Gefährte sein, liebend und aufrichtig, in alle Ewigkeit. Forme mich und mache mich meiner Rolle in Deinem kosmischen Spiel, in Deiner göttlichen Aufgabe würdig.‹«

Nach dem Abschluß der Schulzeit arbeitete Sri Chinmoy zunächst in dem Ashram, in dem er aufgewachsen war. Als Sekretär des bengalischen Schriftstellers Nolini Kanta Gupta beschäftigte er sich ernsthaft und ausführlich mit der westlichen Literatur.

Sri Chinmoy selbst schreibt seit seinem zwölften Lebensjahr Gedichte; in den späten fünfziger Jahren verfaßte er Essays über indische Dichter, Gelehrte, Wissenschaftler, politische Führer, spirituelle Meister und Denker. Daneben widmete er weiterhin – vor allem nachts – viele Stunden der Meditation.

Einem inneren Auftrag folgend, kam Sri Chinmoy am 13. April 1964 nach New York, wo er zunächst im indischen Konsulat arbeitete. Er gründete bald darauf die Zeitschrift *Aum Magazine*, hielt im Oktober 1965 seinen ersten Vortrag und gab im März des darauf folgenden Jahres sein erstes Konzert in New York. Durch Fernsehauftritte, Radiointerviews und Zeitungsberichte wurde eine immer breitere Öffentlichkeit auf sein vielfältiges Schaffen und Wirken aufmerksam. 1970 hat man Sri Chinmoy an die UNO berufen, um eine nichtkonfessionelle Meditationsgruppe zu gründen, die er heute noch leitet. Er verlangte dafür, genauso wie für seine Konzerte und Vorträge, niemals Geld. Sri Chinmoy versteht seine Tätigkeit als Dienst am Weltfrieden und der geistigen Entwicklung der Menschheit.

Als Dichter und Philosoph, Lehrer und Sportler, Maler und Komponist vollbrachte Sri Chinmoy auf den verschiedensten Gebieten erstaunliche Leistungen. Große Bedeutung mißt er der Musik und insbesondere der Musik-Meditation zu. ›Seelenvolle Musik‹, wie Sri Chinmoy sie komponiert, spielt und lehrt, soll dem Suchenden helfen, die Tür zur ›inneren Welt‹ aufzustoßen und das ›Selbst‹ zu erfahren.

Seine Gedichte versteht Sri Chinmoy als Versuch, mystisch Erlebtes in Worte zu bannen, das Ringen um universelle und transzendierende Bewußtseinszustände sprachlich zu fassen. Die schöpferische Verwendung des geschriebenen Worts hält er für den geeignetsten Weg, anderen Menschen seine ›innere Schau‹ so unverfälscht wie möglich mitzuteilen.

Seine Philosophie hat Sri Chinmoy in Hunderten von Vorträgen niedergelegt. Mit diesem Buch wird der Öffentlichkeit ein Teil dieser Vorträge in deutscher Sprache zugänglich gemacht.

Publikationen des Autors

Aus dem umfangreichen Gesamtwerk Sri Chinmoy's kann hier nur eine Auswahl vorgelegt werden.

I. Wichtige Originaltitel in englischer Sprache:

Yoga and the Spiritual Life. New York 1970.
Songs of the Soul. New York 1971.
My Flute. New York 1972.
God's Hour. New York 1973.
Rainbow Flowers. New York 1973.
The Ascent and Descent of the Disciples. New York 1973.
Aspiration-Flames. New York 1974.
Avatars and Masters. New York 1974.
Death and Reincarnation. New York 1974.
Gratitude Sky and Ingratitude Sea. New York 1974.
Master and Disciple: Two divine instruments. New York 1974.
Mind Confusion and Heart Illumination. New York 1974.
Purity-River wins. New York 1974.
Selfless Service Light. New York 1974.
Sleep: Death's Little Sister. New York 1974.
Spirituality: Oneness in Diversity. New York 1974.
The inner Hunger. New York 1974.
The Body: Humanity's Fortress. New York 1974.
God the Supreme Musician. New York 1976.
Everest Aspiration. New York 1977.
Meditation: Man-Perfection in God-Satisfaction. New York 1978.
Ten Thousand Flower-Flames: Part 1–5. New York 1979.
Ten Thousand Flower-Flames: Part 6–7. New York 1980.
Light of the Beyond. New York 1981.
Ten Thousand Flower-Flames: Part 8–22. New York 1981.
Ten Thousand Flower-Flames: Part 23–51. New York 1982.
The Summits of God-Life: Samadhi and Siddhi. New York 1982.
Aspiration-Plants: Part 1–21. New York 1983.
Ten Thousand Flower-Flames: Part 52–100. New York 1983.

II. Englische Titel in deutscher Übersetzung:

Everest-Strebsamkeit (Bde. I, II). Zürich 1978 *(Everest-Aspiration,* N. Y. 1977).
Die Stunde Gottes. 366 tägliche Meditationen. Zürich 1979
  (God's Hour. N. Y. 1973).
Meditation. Menschliche Vervollkommnung in göttlicher Erfüllung.
  Zürich 1979 *(Meditation: Man-Perfection in God-Satisfaction.* N. Y. 1978).
Aufstieg und Fall der Schüler. Zürich 1980 *(The Ascent and Descent of the Disciples.*
  N. Y. 1973).
Avatare und Meister. Zürich 1980 *(Avatars and Masters.* N. Y. 1974).
Dankbarkeits-Himmel, Undankbarkeits-Meer. Zürich 1983 (Gratitude Sky and
  Ingratitude Sea. N. Y. 1974).
Das Licht selbstlosen Dienens. Zürich 1980 *(Selfless Service Light* N. Y. 1974).
Der innere Hunger. Zürich 1980 *(The inner Hunger.* N. Y. 1974).
Der Körper: Die Festung des Menschen. Zürich 1980 *(The Body: Humanity's*
  Fortress. N. Y. 1974).
Der Reinheits-Fluß gewinnt. Zürich 1980 *(Purity-River wins.* N. Y. 1974).
Lieder der Seele, Blüten des Herzens. Zürich 1980 *(Songs of the Soul.* N. Y. 1971).
Musik zur Selbstverwirklichung. Zürich 1980
  (God the Supreme Musician. N. Y. 1976).
Schlaf: Der kleine Bruder des Todes. Zürich 1980
  (Sleep: Death's Little Sister. N. Y. 1974).
Spiritualität: Einssein in der Vielfalt. Zürich 1980 *(Spirituality: Oneness in Diver-*
  sity. N. Y. 1974).
Strebsamkeits-Flammen. Zürich 1980 *(Aspiration-Flames.* N. Y. 1974).
Verwirrung im Verstand, Erleuchtung im Herzen. Zürich 1980 *(Mind Confusion*
  and Heart Illumination. N. Y. 1974).
Zehntausend Blumen-Flammen. Eine Auswahl in dt. u. engl. Zürich 1980
  (aus: *Ten Thousand Flower-Flames,* N. Y. 1979–1983).
Zwei göttliche Instrumente: Meister und Schüler. Zürich 1980 *(Master and disciple:*
  Two divine instruments. N. Y. 1974).
Samadhi und Siddhi. Die höchsten Höhen des Bewußtseins. Zürich 1982
  (The Summits of God-Life: Samadhi and Siddhi. N. Y. 1982).
Tod und Wiedergeburt. Zürich 1982. *(Death and Reincarnation,* N. Y. 1974).
Yoga und das spirituelle Leben. Zürich 1982
  (Yoga and the Spiritual Life. N. Y. 1970).

III. Deutsche Titel für Anthologien aus dem Werk Sri Chinmoy's:

Kommt, Sonne, Mond und Sterne. 72 Meditationslieder. Zürich 1980.
Regenbogen-Blumen. Erleuchtungsfrüchte. Zürich 1980. (Eine Auswahl von
  Gedichten aus *Rainbow-Flowers* und anderen Werken Sri Chinmoys).
Dankbarkeits-Blumen. Zürich 1982. (Eine Auswahl von Gedichten aus den Wer-
  ken Sri Chinmoys. Übertragen von H. Beyeler).

IV. Englische Titel in französischer Übersetzung:

La Lumière de l'Au delá. Paris/Zürich 1981 *(Light of the Beyond.* N. Y. 1981).

Weitere Bücher aus dem Aurum Verlag

Lama Anagarika Govinda
SCHÖPFERISCHE MEDITATION UND
MULTIDIMENSIONALES BEWUSSTSEIN
2. Aufl., 336 Seiten, mit Reproduktionen von Gemälden des
Verfassers, Index, geb.

Ein Buch von höchster, lebendiger, praktischer Weisheit, in dem
die Meditation ihres mystischen Aspekts entkleidet und transparent gemacht wird und die Grundlagen und Voraussetzungen aller
Meditation aufgezeigt werden – Meditation verstanden als ein
Akt schöpferischer Selbstentfaltung, ein bewußtes, jeden
Augenblick unseres Lebens erfüllendes Werden. Lama Govinda
widmete sich mehr als 60 Jahre lang der Praxis der Meditation – er
bezeichnet dieses Werk selbst als sein Lebenswerk, als das Ergebnis des ganzen Lebens, das dem Studium und der Übung der
Kontemplation sowie einem Handeln im Geiste des Buddhismus
gewidmet gewesen ist. Der Leser spürt selbst auf jeder Seite dieses
Buches, daß hier ein Mensch spricht, der das, was er sagt, gelebt
hat. Hier ersteht der Buddhismus so, wie er heute – in unserer
modernen Welt – lebendig ist.

»Meiner Ansicht nach ist dies das bedeutendste Buch, das jemals in
englischer Sprache erschienen ist. Es ist großartig! Niemand
könnte ein solches Buch schreiben, dessen Gelehrsamkeit nicht
ergänzt würde durch die wirkliche, intuitive Erkenntnis der dargelegten Wahrheitseinsichten.«   *John Blofeld*

»Während die meisten Bücher zu diesem Thema dahin tendieren,
dem Leser das Gefühl des Ausgeschlossenseins zu vermitteln, weil
sie eine künstliche Vorstellung von einem weit entfernt liegenden
idealisierten Zustand schaffen, der nur für Auserwählte existiert,
vermittelt dieses Buch . . . ein Gefühl von Wert und Wunderbarem, das unmittelbar als ›universal‹ empfunden wird.« *Parabola*

AURUM VERLAG · FREIBURG IM BREISGAU